지극히 현실적이고 다분히 이상적인

저널리즘 리얼리즘

김정훈 지음

(주)광문각출판미디어
www.kwangmoonkag.co.kr

이 책은 방일영문화재단의 지원을 받아 저술·출판되었습니다.

| 목차 |

여는 말:
언론과
분리될 수 없는
당신에게

이 페이지를 열어 준 당신에게 우선 고맙습니다. 저널리즘을 내건 이 책이 당신에게 닿았다는 사실에 기쁨을 감출 수 없습니다. 많은 이가 저널리즘을 폄하하고, 특히 레거시 미디어를 외면하는 요즘이기 때문입니다. 아시는 것처럼 사람들은 갈수록 뉴스를 믿지 않습니다. 뉴스를 만드는 기자는 조롱받기 일쑤이지요.

권력 놀음을 했던 흑역사가 있었으니, 언론의 침강을 어쩔 수 없이 받아들여야 하는 면도 있겠습니다. 하지만 이렇게 언론이 외소해지는 현실에 손을 놓고 있을 수만은 없습니다. 그럴수록 사람들은 전면적으로 보고 싶은 것만 보고, 믿고 싶은 것만 믿을 테니까요. 이미 우리 사회에 건전한 토론이 사라져 가고 있고, 민주주의도 힘을 잃어 갑니다. 이대로 다가올 미래를 생각해 보면 끔찍합니다. 모두가 정의를 얘기하지만, 종국엔 그 모두가 정의롭지 않게 되는 세상 속에 우리 아이들이 자라날 생각을 하면 참담합니다.

또 '사상 초유'의 일들이 끊임없이 이어진 2024년과 2025년 대한민국에서 살아가다 보면 다시 언론을 떠올리지 않을 수 없습니다. 비정상이 이어질 때는 무엇이 어떻게 진행되고 있는지 정확히 아는 것이 중요하기 때문입니다. 그리고 무엇이 옳고 무엇이 그른지 가려내기 위해서는 합리적 판단 기준이 필요하고, 객관적이고 중립적으로 정보를 제공할 수 있는 것도 언론일 수밖에 없기 때문입니다. 당신이 이 책을 손에 쥔 이유도 언론에 대한 버릴 수 없는, 미련 같은 애정이 있는 까닭일 겁니다.

이제 '언론이 더 잘 하겠다'는 다짐만 있으면 될까요? 언론에 대한 규탄과 이에 따른 성찰만으로는 미사여구로 치장된 장밋빛 청사진은 만들 수 있을 것입니다. 하지만 언론이라는, 낡고 금이 간

그릇을 올바로 다시 사용하기 위해서는 더 많은 노력이 필요합니다. 그 노력의 하나는 이해라고 생각했습니다.

만나는 사람마다 언론을 탓하지만 의외로 너무나 많은 사람이 언론, 기자의 생리를 알지 못하더군요. 그 현실을 모르고 그 안의 고민을 모르니 대뜸 손가락질부터 합니다. 그러나 손쉬운 욕지거리만으로는 문제를 푸는 첫 단추도 꿸 수 없습니다. 현실을 담아내지 못하는 지적으로는 변화를 일으킬 수도 없습니다. 잘 알게 되면 그때에서야 비로소 분명한 비판의 지점이 보일 것입니다. 알게 되면 해결의 실마리도 찾을 수 있습니다.

언론과 분리될 수 없는 모두를 위한 언론 자화상

이를 위해 제가 할 수 있는 일은 기자에 대한 이야기를 공유하는 것이라 봤습니다. 그래서 제 이야기부터 시작합니다. 기자라는 명함을 갖고 살아온 20여 년의 경험을 풀어내 봅니다. 그리 훌륭하지도 않고 혁혁한 성과와도 거리가 먼 저의 담백한 고백을 녹여, 언론계에 있다면 누구나 공감할 법한 고민과 과제 등을 솔직히 적어 보았습니다. 익숙한 것 같으면서도 낯선 언론 내부를 여실하고도 넉넉히 반영하려 했습니다.

이 책의 내용은 동료 기자들을 향한 제안이기도 합니다. 우리 안에 올바른 당위를 바로 세우고, 위기를 벗어날 돌파구를 함께 찾아보자는 요청입니다. 대중의 외면과 수익성 하락, 기술의 공세에 맞서기 위해서는 각자도생하기보다 힘과 지혜를 모아야 합니다. 거친 숨을 몰아쉬는 언론에 다시 활력을 불어넣는 책임은 우리 스스로 질 수밖에 없습니다. 그 길에 머리를 맞대고 손을 맞잡을 수 있기를 바랍니다.

또한, 이 책은 언론과 관계하는 업무 종사자들, 그리고 언론 지망생들을 위한 길라잡이이기도 합니다. 이들을 염두에 두고, 기자라는 직업인과 언론 현장을 가능한 한 생생히 묘사하려 노력했습니다. 더 많은 사람이 언론에 친숙함을 느끼고 관심을 갖게 되는 계기가 마련된다면 제가 목표한 바는 거의 달성하는 셈입니다.

이 모두를 위해 취재와 보도의 원칙뿐만 아니라, 진짜와 가짜, 사실과 진실을 가리는 작업의 난해함, 주관적 인지 편향과 이로 인한 갈등, 미디어 및 기술의 환경 변화, 그리고 언론의 수익 모델 등을 두루 짚어 보았습니다. 말하자면 독자, 기자, 지망생 등 언론과 떨어져 살 수 없는 모든 이들을 향한 언론의 자화상입니다. 이를 보고 기자와 언론을 이해해 주시고 따끔히 지적도 해 주시면 좋겠습니다. 그 가운데 다시 기대와 희망이 생겨난다면 더 바랄 나위가 없겠네요.

책은 앞선 현자賢者들의 다양한 글들을 종종 인용했습니다. 제 생각의 깊이가 도저히 그들을 따를 수 없는 탓입니다. 제가 탄복해 마지않던 그들의 지혜를, 독자 여러분과 나눌 수 있기를 희망합니다. 아울러 언론 일반에 관한 글임에도 제 성장 과정과 제가 속한 언론사에 대한 이야기로 글문을 열겠습니다. 저널리즘을 두고 다양한 견해가 있을 수 있는데, 제가 가진 시각이 그 연원부터 더 잘 이해되기를 바라는 취지입니다.

애정 담은 이해, '강의실 밖' 언론학개론의 시작

졸저가 나오기까지 많은 사람의 도움과 격려가 있었습니다. CBS, 그리고 CBS M&C의 선후배들은 질책과 응원을 통해, 치열한 논쟁과 토론을 통해 저를 기자로 길러 주었습니다. 이루 다 말할 수 없이 감사합니다. 또 다양한 출입처에서 함께 울고 웃던 동료 기자 여러분께도 고마움을 전합니다. 덕분에 아직까지 외롭지 않게 언론계 안에서 버틸 수 있었습니다.

저널리즘이라는 진부한 주제임에도 저술을 지원해 준 '방일영문화재단', 그리고 출판의 기회를 허락해 준 '광문각출판사'에도 각별한 감사의 말씀을 드립니다. 배려에 힘입어 머릿속에서 막연히 품고 있던 생각들을 문자로 정리할 수 있게 됐습니다. 누가 되지 않게 글을 써보려 했지만, 재단과 출판사의 기대에 미치지 못한 것 같아 송구한 마음입니다.

부족함이 역력한 책이지만 선뜻 추천의 글을 써 주신 박종현 한국기자협회장님, 배진아 한국언론학회장님, 우병원 연세대학교 동서문제연구원장님께 깊이 머리를 숙입니다. 보내 주신 기대에 부합하도록 더 나은 저널리즘을 만드는 길에 앞으로도 최선을 다하겠습니다.

제 삶의 이유인 가족들에게는 내내 미안할 뿐입니다. 기자로 살아오면서 늘 예측하기 어려운 일상을 공유케 해 부담을 줬고, 사회부장으로 있으면서 책을 집필하는 과정에는 휴일까지도 가족들을 등한시할 수밖에 없었습니다. 그동안 여러 욕심을 부렸던 것, 그나마 개중 몇몇은 이뤄낼 수 있었던 그 뒤에는 가족들의 뒷받침이 있었습니다. 이제는 제가 더 많은 시간을 가족들과 함께할 수 있기를 바랍니다.

　마지막으로 이 책의 독자, 그리고 뉴스 미디어의 독자 여러분들에게 거듭 감사의 마음을 전합니다. 누가 뭐라 해도 저널리즘의 토대는 여러분들이며, 독자 없이 언론은 존재할 수 없습니다. 그런 차원에서 독자 여러분들에게 더 성실히 다가가려는 노력을 소홀히 했음에 반성하고, 그럼에도 아직 기대를 접지 않은 여러분께 감사합니다.

　영화 〈건축학개론〉 속에서 건축학개론을 강의하는 교수는 "자기가 살고 있는 곳에 대해 애정을 가지고 이해를 시작하는 것, 이게 바로 건축학개론의 시작"이라고 말했습니다. 《저널리즘/리얼리즘》은 '지극히 현실적이고, 다분히 이상적인' 언론학개론을 지향합니다. 언론과 함께해 온 여러분의 애정 담긴 이해를 바탕으로, 강의실 밖 언론학개론을 이제 본격적으로 펼쳐보겠습니다.

진짜 세상을 마주하는 '저널리즘'의 첫발

1

왜 기자를 택했냐고요? 혁명하려고요

‘왜 기자가 되려 했어요?’라는 질문을 받을 때면 감사한 마음이 듭니다. 제 직업에, 그리고 제 삶에 관심을 가져 주시는 건 호의의 표현일 테니까요. 그런데 그 답을 하려면 꽤 긴 시간이 필요합니다. 어떤 때는 ‘답이 좀 길어질 수 있는데, 그래도 말씀드릴까요?’ 하고 양해를 구하기도 합니다. 지금도 여러분께 먼저 양해를 구해 봅니다. 변변찮은 기자의 언론계 입문기를 들어봐 주시겠습니까?

또래들이 대개 그러했듯 저도 초등학교 재학 시절 과학자를 꿈꾸었습니다. 다만, 한철 부르고 마는 유행가처럼 꿈을 꾼 것은 아니었습니다. 뢴트겐의 전기를 읽고 과학의 여러 분야 중 물리학을 평생 공부하겠다고 마음을 먹었거든요. 빌헬름 콘라트 뢴트겐은 20세기 물리학은 물론 의학의 판도까지 변화시킨, X선 발견의 주인공입니다. 그럼에도 그는 노벨 물리학상 수상으로 받은 상금 전액을 기부한 것은 물론이고 X선 발견에 대한 어떠한 특허 등록도 거부했습니다. 결국 생을 마칠 때는 경제적 파산 상태에 빠지고 말았습니다. 그런 뢴트겐의 탐구 정신과 인류애가 어린 저를 먹먹하게 만들었습니다. 그처럼 아름답게 세상의 물리 법칙을 연구하고 싶었습니다. 빛은 어떤 성질인지, 지구는 어떻게 떠 있을 수 있는지, 세상에 존재하는 힘들이란 무엇인지, 이런 것들이 궁금했습니다. 말하자면 이 세상이 과연 어떻게 움직이는 것인지 알고 싶었던 것 같습니다.

그런 과학자의 꿈을 키워 나가던 중학교 2학년 때였을 겁니다. 며칠간의 시험이 끝나던 날 학교를 일찍 마치고 서점을 들러 한가롭게 서가를 훑어보는데 책 한 권이 눈에 띄었습니다. 한국 현대사 책이었습니다. 암기 과목으로만 인식되던 역사에 흥미를 잃었던 저인데, 학교에서 가르쳐 주지 않던 한국 현대사에 대한 책이라기에 집어들어 봤습니다. 쿠데타, 혁명, 광주, 민주화운동…. 그때까지 한 번도 들어 보지 못한 이야기들이 제 눈을 잡아끌었습니다. 그 책을 냉큼 사들고 집으로 가 읽어 버리는 데 채 이틀이 걸리지 않았습니다.

책 내용 중 가장 저를 충격에 빠뜨린 건 광주민주화운동에 대한 설명이었습니다. 당시는 1990년대 초 아직 노태우 정부 시절로, 5공 청문회가 있었지만 어린 학생들한테까지 광주니 전두환이니 하는 얘기가 닿지는 않았던 때입니다. 세상 시류에 무덤덤했던 저희 가정의 분위기 탓도 있었겠지요. 단숨에 책장을 넘기며 박정희 정권의 종말과 서울의 봄, 12·12 군사반란, 비상계엄 확대와 광주시민들의 저항에 이어, 유혈 진압으로 이어지는 과정을 머리로 지켜봤습니다. 멍해졌습니다. 수많은 사람이 죄없이 숨져간 사실에 분노했고, 불과 10여 년 전 있었던 이 일을 나는 여태 아무것도 모르고 있었구나 하는 생각에 참담했습니다. 주변 어른들에게, 또 이

사회로부터 속았다는 생각마저 들더군요.

그 무렵 또 다른 배신감도 제 마음을 멍들게 했습니다. 1993년 서울의 몇몇 대학에서는 조직적 입시 비리가 드러났습니다. '뒷돈 주고 대학 간다'는 말이 허무맹랑한 말이 아님이 밝혀진 것이지요. 그리고 씁쓸하게도 우리 가족이 잘 아는 집 자녀까지, 줄줄이 이어지던 부정 입학자 명단에 이름을 올렸습니다. 살림살이의 수준이 달라 감히 쳐다보지도 못했던 그 집안도 파문에 연루됐던 것입니다. 사회의 기본 질서를 뒤엎는 일들은 저 멀리에서만 일어나는 것이 아니었습니다.

배신감이 더 컸던 이유는 다람쥐 쳇바퀴와 같던 저희 가정의 경제적 굴레 때문이었습니다. 어린 나이 때부터 저를 갑갑하게 만든 건, 열심히 산다고 해서 그만큼의 보상이 돌아오지 않는 이 현실이었습니다. 좀 더 나이 들어 알았어도 될 현실을 불행인지 다행인지 일찍 알아챘네요. 제가 초등학교를 입학하기도 전에 아버지는 두 번에 걸쳐 수년간 해외 파견 노동자 생활을 했고, 그 사이 어머니는 구멍가게를 운영하기도 했습니다. 가진 것 없는 젊은 부부가 최선을 다했지만 생활은 도무지 윤택해지지 않았습니다. 우리 형편은 종종 남들과 비교됐고, 이 점은 제게 평생 떨치지 못할 열등감을 심어 주었습니다.

도통 나아지지 않는 가정 경제, 돈으로 대학 합격증을 사고파는 현실, 또 현대사의 비극까지 뒤늦게 접하면서 저는 꿈을 바꿔야 했습니다. 더 나은 세상을 만들어야 하는데, 물리학을 열심히 공부한다 한들 기약이 없어 보이더군요. 그보다 지름길이 떠올랐습니다. 한국 현대사 책에서 접했던 바로 그 단어입니다. 혁명! 그 무렵 제

딴에는, 이 모순투성이 세상을 한 번에 뒤엎어 버릴 가장 '현실적인' 방안이라고 생각했습니다.

모순투성이 세상이 키워준 혁명의 꿈

문제는 혁명의 방법을 배울 길이 마땅치 않다는 점이었습니다. 정규 교과 과정에서 비정규 방식을 가르쳐 줄 리 만무하지요. 혁명을 교육하는 학원도 없고요. 역사에 나오는 어떤 혁명가처럼 집과 학교를 떠나 광야로 나가기에는 제 배짱이 두둑하지 않았습니다. 안정적으로 혁명을 꿈꿀 수 있는 적당한 직업이 필요했습니다. 그때 가끔 보던 주간지 〈시사저널〉의 기사들이 제게 힌트를 줬습니다.

1870년대의 카를 마르크스 모습

세상의 부조리를 드러내는 기사, 그 기사를 쓰는 기자가 어쩌면 혁명가와 가장 비슷한 직업이 아닐까 싶었던 겁니다. 실제로 자본주의를 뿌리째 뒤흔들었던 마르크스를 비롯해 많은 혁명가가 저널리스트로서의 경력을 지니고 있습니다. 피로 물드는 충돌이 아니라 글로써 세상을 바꿔 낼 수 있다면, 그만한 혁명은 없지 않을까요?

또 세상을 바꿔 내려면 지금 발딛고 있는 세상부터 속속들이 알아야겠는데, 기자만한 직업이 없었습니다. 저는 세상의 민낯을 보고 싶었습니다. 그리고 그 민낯의 세상을 바꿔 보고 싶었습니다. 그래서 기자가 되기로 마음먹었습니다. 그 꿈을 위해 대학 진학을 준비하면서 가장 적합한 전공으로는 정치학을 떠올렸습니다. 기자의 가장 큰 목표는 유려한 글을 쓰는 게 아니라 생각했고 이 세상이, 이 사회 구조가, 그 안의 사람들이 어떠한가를 살피는 데 가장 어울리는 전공이 정치학이라고 보았습니다.

그렇게 시간이 흘러 대학 입시를 치르면서 면접관으로부터 뻔한 질문을 받았습니다. '자네는 왜 정치외교학과를 지망했나?' 제가 지금까지 설명한 위의 내용을 몇 줄로 정리했던 기억이 납니다. 답변이 끝나자 그 면접관이 저를 보며 살짝 미소를 지었는데, 합격했구나 싶었지요. 고등학교 교복을 입은 수험생의 치기 어린 의기가 마냥 한심해 보이지는 않았나 봅니다.

원하던 학과에 입학은 했지만, 썩 환영받는 느낌은 받지 못했습니다. 처음 마주친 몇몇 동기들로부터 '우리말보다 영어가 더 편하다'는 말을 어깨너머로 들었을 때는 제가 어디 잘못된 곳에 왔나 싶더라고요. 학창 시절 살아온 동네나 행색에서 그들과 큰 차이가 남을 깨달으면서 관계 맺기는 더욱 쉽지 않았습니다. 마치 영화 〈건축학개론〉 속 남자 주인공이 자신의 (GUESS가 아닌) 'GEUSS' 셔츠를 슬그머니 가리던 때의 마음이랄까요? 물론 그런 신분 격차를 느꼈던 데에는 병적인 제 콤플렉스가 작용했을 것이고요.

마음이 좁아 든 저는 차차 강의실 대신 집회나 시위 현장으로 향하곤 했습니다. 그때까지 명맥을 유지하던 학생운동 무리에 속해 민중가요를 불렀고 한 대기업 직원들의 노동조합 문예단을 조직하는 일에 적극 나서기도 했습니다. 그런 자리에는 저와 같은 배경을 가진 사람들이 많아 '동지'란 말이 절로 나오더군요. 저를 필요로 한, 제가 필요한 자리였습니다. 그때의 경험으로 저는 또 성장했겠지만, 비싼 등록금 내가면서 정작 갈망했던 정치학 공부를 소홀히 했던 것은 두고두고 후회가 남는 일이기는 합니다.

불의한 세상을 바꿔낼 수 있다면, 기자로서!

병역을 마치고 3학년 2학기로 복학하면서 본격적인 공부를 시작했습니다. 당시에도 언론사 입사 시험은 학점, 토익과 같은 영어 성적, 상식과 논술을 포함한 지필고사 성적을 종합하는 방식이었습니다. 저로서는 영어 점수와 상식/글쓰기 역량을 높여야만 부족한 학점을 만회할 수 있었는데, 남들처럼 공부 모임도 꾸리고 학교 도서관 생활을 이어가며 시험에 대비했습니다. 가정 형편이 넉넉하지 않았던 까닭에 제게 허락된 도전의 기회가 많지는 않을 것이기에 내심 각오했습니다.

대학 졸업이 다가오면서는 조바심이 점점 커졌습니다. 그때만 해도 방송사 대여섯 곳과 열 곳 남짓한 신문사 정도가 일반적인 언론사로 꼽히고, 각기 비정기적으로 약간 명씩의 기자를 뽑던 터라 경쟁률은 높을 수밖에 없었습니다. 드문드문 나오는 채용 공고에 마음을 졸이면서 스스로 물어보곤 했습니다. 입사를 확정짓지 못한 채 졸업한다면 '백수'로 얼마나 버틸 수 있을까. 그때에도 기자만 꿈꿀 수 있을까. 차선을 택해야 한다면 어떤 직업이 내게 맞을까. 기자라는 유일한 선택지에 목숨을 걸자는 결심을 하기란 쉽지 않은 현실이었습니다.

그러던 차에 이력서를 내고 서류 전형을 통과한 언론사에서 필기 전형을 치렀고, 면접 전형까지 오르게 됐습니다. 생애 첫 입사 면접이었습니다. 앞서 대학 입시 때의 면접이 떠오르기도 했는데, 저는 이때도 운이 좋았나 봅니다. 2003년 당시는 김대중 정부의 햇볕정책을 둘러싼 논란이 격했던 때였습니다. 대북 지원에 대한 찬반 입장과 그 이유에 대한 질문이 이어지더군요. 진지한 표정으로 답을 했지만 속으로는 쾌재를 불렀습니다. 정치학을 전공하기도 했지만, 개인적 관심 때문에라도 학교에 개설됐던 북한 관련 수업들을 죄다 들었던 까닭입니다. 마치 면접 질문지를 사전에 슬쩍 보기나 했던 것처럼 '준비된 답'이 별다른 떨림도 없이 제 입 밖으로 술술 흘러나왔습니다.

며칠 후 학교에서 최종 합격 소식을 접했습니다. 처음으로 면접 기회를 줬던 CBS에서, 눈앞에 졸업을 앞두고 있던 제게 기자직의 문호도 열어 줬습니다. 환호하는 대신 조용히 짐을 챙겨 교문 밖으로 나섰습니다. 서울의 신촌에서 집이 있는 화곡동까지 걷기로 했습니다. 걷는 내내 복잡한 감정이 교차했습니다. 기쁨일까, 해방감일까, 또다시 시작된 고민이 짓누르는 부담감일까. 무어라 표현하기 어려운 심경으로 성산대교 북단으로 접어드는데 때마침 여름 소나기가 시작됐습니다. 휙휙 넘겨보는 무협지 안에서 출사표를 내건 주인공의 모습처럼, 말 그대로 청승의 극치를 그려냈지만 가끔씩 그 첫 마음이 떠오릅니다.

불의하게 비춰진 세상을 조금이라도 바꿔 내고 싶었습니다. 기자로서.

2

우격다짐 얻은 기회, 다른 뜻이 있을까요?

　삶의 방향을 정할 때 어느 누가 확신을 가질 수 있을까요. 특히 사회로 첫발을 내딛는 이가 직업과 직장을 선택할 때, 내 삶을 걸 만한 가치가 있는지 어떻게 자신할 수 있을까요. 저도 다르지 않았습니다. 기자를 꿈꾸긴 했지만 실제로 적성이 맞는지는 알 수 없는 일이었습니다. 대학 졸업을 앞두면서 실제 기자가 되기란 쉽지 않을 것 같다고 봤고, 언제까지 도전할 수 있을지 그 마지노선도 마음속에 정해야 했습니다. 그런데 그 모든 고민이 싹 해소되는 일이 불현듯 찾아왔습니다.

　CBS의 신입 사원 채용 공고를 접한 건, 졸업식을 앞두고 곧 백수가 될지 모른다는 염려가 자라던 4학년 2학기 말이었습니다. 제 학과 선배가 이미 이곳에 기자로 재직 중인 것을 알고 있어서 유심히 살펴보았는데 곧바로 난관에 부딪혔네요. '교인 확인서'를 제출해야 입사 지원이 가능하다는 겁니다. 오랜 기간 기독교방송으로 불리던 CBS는 한국교회의 연합기관 성격도 띠어서 2003년까지 기독교인을 입사 자격 요건으로 꼽았고, 이에 따른 교인 확인서가 필수 제출 서류 가운데 하나였습니다.

당시 교회를 다니지 않던 저는 사실 방송기자보다는 신문기자를 염두에 뒀던 터라 지원을 하지 않을까도 생각했습니다. 하지만 단 한 번의 기회도 놓치기 아까웠고, 다른 언론사보다 하나의 장벽을 더 갖춘 이곳에 어떻게든 진입해 볼까 하는 오기까지 발동했습니다. 서류 심사를 위한 내용들을 준비해 가며 그 교인 확인서라는 것을 확보해 보자 마음먹었습니다.

주변에 신앙심 깊은 지인도 별로 없는지라 한여름 땡볕 더위 속에 집 근처 교회를 무작정 찾아 나섰습니다. 전혀 발걸음을 하지 않은 교회의, 일면식도 없는 목사님을 만나기 위해서였습니다. 빈손이 민망해 수박 한 통을 사서 교회 문을 두드렸습니다. 약속도 없이 대뜸 목사님을 만나 뵙고 싶다 했는데, 다행히 몇 분 뒤 접견 장소로 안내됐습니다. 간략히 제 소개를 하고 교인 확인서를 써 달라 부탁드리자 예상보다 더 단호하게 안 된다는 답이 돌아왔습니다. 제가 누구인지도 모르고, 복음 방송보다 세상 방송에 무게를 싣는 CBS가 마음에 들지 않으며, 무엇보다 거짓말을 할 수 없다는 이유였습니다. 너무도 확고한 입장 표명에 반박하기 어려운 상황에 몰렸음에도 왜 저는 머리를 긁적이며 뒷걸음질치지 않았을까요. 그 자리에서 말도 안 되는 제안을 했습니다.

"목사님. 저는 기자가 되고 싶고, CBS에 기회가 있습니다. 제 운명이 어떻게 될지 모르겠지만 이에 대해서는 목사님도 하나님께 맡겨 보시면 어떨까요. 일단 교인 확인서를 써 주시면 제가 지원이라도 해 보겠습니다. 떨어지면 하나님 뜻이고, 만약 합격한다면 그

또한 하나님 뜻이지 않을까요?"

맹랑한 주장을 하는 저와 1시간 동안 옥신각신 토론하게 된 형국에 지쳤던지, 목사님은 결국 교인이 아닌 제게 교인 확인서를 내주시며 단서를 달았습니다. 거짓말쟁이는 될 수 없으니 만에 하나 합격한다면 적어도 몇 주간은 이 교회에 출석하라는 조건입니다.

"늬들이 노동자의 아들딸이어서 참 좋다"

얼마 후 CBS의 기자직 최종 합격자 3인에 포함됐다는 소식을 들고 다시 찾았을 때, 목사님은 당황함보다 큰 기쁨으로 맞아 주셨습니다. '정말 하나님 뜻이 있었던가 보다'라며 그 교회에 출석해야 한다는 조건마저 거둬들이고 기자 일에 충실할 것을 당부했습니다. 목사님에 대한 감사함을 넘어, 이 길 위에 제게 맡겨진 사명이 있겠다는 생각이 감히 들더군요.

하지만 그런 감상도 깊게 이어지지 못했던 것은 취업이 확정된 이후 하루하루의 삶이 우악스럽게 고됐기 때문입니다. 성인 남자들이 군대 시절을 돌아보듯이 기자들은 수습기자 시절을 돌아보는데, 저 역시 '아, 그때 어떻게 버텨 냈을까' 하는 마음으로 떠올려 보곤 합니다. 서러움에 눈물을 쏟고, 기면증이 나타날 정도로 지쳐 쓰러지기 일보 직전인데, 그때의 회고는 다음 장에서 하도록 하지요. 아무튼 그 역경 가운데서도 제가 포기하지 않고 자부심을 갖게 된 데는 당시 캡 cap. 사건기자 팀장 의 한마디가 있었습니다.

저를 비롯한 기자직 입사 동기는 세 명. 제 아버지와 다른 동기의 아버지는 각각 굴삭기와 덤프트럭을 운전했고 또 다른 동기 부모님은 작은 수입품 매장을 운영하고 계셨습니다. 어느 날 하루 일과를 끝내고 저희를 포함한 사건팀이 함께 저녁 식사를 하는데 캡이 뜬금없이 "난 너희들이 노동자의 아들딸이어서 참 좋다"라는 말을 건넸네요. 숨 한번 제대로 쉴 수 없던 수습기자 생활 중 제대로 처다볼 수도 없었던 캡으로부터의 환대였습니다.

어려서부터 이른바 '계층'을 실감했고, 취업을 준비하면서 '사회적 신분제'를 엿보며 위축됐던 제게 큰 위로가 아닐 수 없었습니다. 기자를 지원한 이유가 이곳에서 진심으로 인정받고 환영받고 있다는 생각에 자부심을 느꼈던 것 같습니다. 한참의 시간이 흐른 뒤 당시 캡을 '선배'라고 편하게 부를 연차가 돼서 뒤늦게 감사하다고 했더니 "내가 그랬냐?" 하고 멋쩍게 웃고 넘어가시더군요.

언론사 속내의 한 축도 결국은 '사람 영업'일 겁니다. 의미 있는 단독 보도를 하고 싶어도, 광고로 매출을 올리고 싶어도 누군가의 마음을 사야 하는 일이 전제돼야 하겠지요. 이를 위한 풍부한 인적 네트워크는 필수적입니다. 그렇다면 배후가 두터운, 영향력 있는 집안 출신을 선호할 수 있을 터인데, CBS의 분위기는 그때나 지금이나 큰 차이가 없습니다. 오히려 흙수저 우대라고 할까요? 흙수저 출신이 품은, 변화를 위한 열망과 의지 그리고 겸손이 CBS의 사풍社風과 가장 잘 맞습니다.

그러한 사풍은 역사와 구조에서 비롯됩니다. CBS는 감의도 목사님에 의해 1954년 대한민국의 첫 민영방송으로 설립됐습니다. 감의도 목사님의 실제 이름은 Edward Otto DeCamp인데, 미국 북장로교 소속 선교사로 한국에 머물렀던 Allen Ford DeCamp 목사님의 아들로 1911년 서울에서 태어났습니다. 'DeCamp,

Edward Otto'의 가장 가까운 발음을 따서 '감의도'라는 한국식 이름까지 가졌고요. 고등학교 때 미국으로 유학을 떠난 뒤 다시 선교사로 한국으로 돌아왔지만 일본 제국주의 아래 신사神社를 철거했다는 이유로 구속되고 강제 추방당했습니다. 그 길로 미국 컬럼비아대학교에서 라디오커뮤니케이션을 연구하고, 해방이 되자 제대로 된 방송사를 만들겠다며 다시 귀국했습니다. 1954년 CBS를 설립한 이래 1961년 재단법인 CBS의 초대 이사장으로 취임했다가, 1970년 해외선교 담당이사로 자리를 옮기고 1976년 정년퇴임했습니다.

언젠가 미국 캘리포니아를 방문할 기회가 있어서 수소문 끝에 감의도 목사님이 잠든 Live Oak Memorial Park를 찾아봤습니다. 부인과 함께 묻힌 그곳의, 몇 뼘 되지도 않는 작은 묘석에 이렇게 표기돼 있더군요.

[DeCamp E. Otto 1911-2001 Elizabeth W 1908-2002

MISSIONARIES TO KOREA]

미국 Oak Memorial Park에서 접한 감의도 목사님의 묘석

이처럼 한국에서 태어나 그 일생을 온전히 한국에 바쳤던 감의도 목사였습니다. 일제에 저항하다 투옥되고 추방되는 고초를 겪은 뒤 최초의 민간방송을 설립하기 위해 돌아왔고, 4·19 혁명 때는 민주화의 열망을 적극 알려내 그 공을 인정받았습니다. 무엇보다 언론이 특정인이나 권력의 소유가 될 수 없음을 몸소 보여 준 그 분의 생애가 곧 CBS의 정체성으로 각인되어, 1970~1980년대 독재 정권에 저항했던 민주 언론의 전통으로 면면히 이어졌습니다.

권력과 자본 앞에 당당한 언론이기 위해

현재도 CBS는 한국교회의 연합기관으로서 재단법인 형태로 운영됩니다. 한국 개신교 내 다양한 색깔을 지닌 각 교단에서 파송된 임기제 이사들을 중심으로 이사회가 구성되고, 이 구조 아래에서 사장이 책임 경영을 합니다. 사장은 이사회와 직원들이 함께 이루는 '사장추천위원회'의 선임 과정을 거치게 됩니다. 이렇게 되니 권력이든 자본이든 외풍에 시달리는 일은 상대적으로 덜합니다.

기자 생활을 하며 알게 된 꽤 많은 사람이 가끔 'CBS의 실질적 주인은 누구야?'라고 묻습니다. 남들보다 모르지 않을 언론계의 선후배들도요. 그들에게도 재단법인 형태의 언론사가 대단히 생소한 탓입니다. 대부분 언론사는 정부 측 지분이 있어 어떻게든 정권의 영향력 아래 놓이거나, 특정 기업을 배경으로 하고 있어 해당 기업의 이해관계에서 자유로울 수 없거나, 경영권이 사주 일가 안에서만 대물림되거나 하는 모습을 띠는 게 일반적입니다. 각기, 기자들이 자유 의지를 온전히 유지하기 어려운 현실이 있지요.

실제로 2003년 무렵 각기 다른 언론사로 입사했던 동료 기자들의 경력을 보면 안타까운 마음이 큽니다. 정권이 바뀜에 따라 기자들이 취재 파트에서 방출되거나 연고도 없는 지방으로 좌천당하는 사례들은 뉴스에서도 보셨을 겁니다. 일상적으로는 각 언론사의 배후가 되는 자본의 영향, 사주의 영향에서 초연하기 어렵습니다. '어느 조직이나 다 그렇지' 체념할 수도 있겠지만, 권력 앞에 당당하겠다고 직업을 선택한 기자들에게는 자존감이 깊이 훼손되는 고통이 아닐 수 없습니다.

제가 그러한 고통을 겪지 않았던 것은 CBS 직원들의 의로움 때문이라기보다는 앞서 설명한 CBS의 역사와 구조 때문일 것입니다. 2003년 CBS 뉴스의 인터넷 출고를 시작하며 새로운 브랜드를 고민할 때 〈노컷뉴스 Nocutnews〉를 고른 것도 스스로 칼질 cut하며 움츠러들지 않음을 내세우기 위함이었습니다. 아마도 그것은 하나님의 선물일 수 있고요. 이러한 까닭에 제가 20년 넘게 이곳에서 버텨온 게 아닌가 싶습니다. 언뜻언뜻 다른 언론사의 더 큰 영향력에 부러움을 품거나, 급여 수준이 더 높은 직업을 가져 보면 어떨까 고민해 본 적도 없지는 않습니다. 하지만 기자다움을 가장 잘 지킬 수 있는 언론사가 CBS라는 생각에는 변함이 없었습니다.

CBS의 인터넷 뉴스용 브랜드 〈노컷뉴스〉

CBS의 정체성에 따른 무거운 숙명도 있기는 합니다. 언론 기관과 선교 기관이라는 두 가지 기능을 수행해야 하다 보니 다른 곳에선 없는 굴레가 있습니다. 종교가, 특히 개신교에 대한 지지와 신뢰가 엷어질 때는 그러한 굴레가 더욱 커 보이기도 합니다. 그러나 효율과 경쟁을 강요받는 우리가 진정 잃지 않아야 할 가치를 잃어가는 때에, 근본적이고도 대안적인 가치를 끝까지 움켜쥐고 있는 건 종교 아닐까요. 약자를 보듬고 공의를 강조하는 그리스도의 정신은 기독교 신앙으로 구체화해 CBS를 지탱해 왔다는 점은 자랑할 만한 사실입니다.

그럼에도 이 점을 덧붙이지 않을 수 없겠습니다. CBS가 권력과 자본으로부터 완전히 독립되어 있느냐 한다면, 솔직히 '상대적으로' 그렇다고 답할 수밖에 없다는 점입니다. 이는 한국 언론의 현주소일 것입니다. 언론사가 스스로 건강한 수익 모델을 못 갖춘 현실 탓인데, 비단 한국만의 문제는 아니며 이에 대해서는 다른 장에서 더 깊은 고민을 나눠 보겠습니다. 또한, 내부의 소통과 논의 과정 역시 조직의 규모와 비례해 문제가 없을 순 없지요. 이는 견제와 비판이라는 언론의 기능이 내부를 향해서도 꾸준히 작동해야 한다는 숙제를 남겨 주고 있습니다.

그러한 고민을 하다 보면 회사와 처음 인연을 맺던 때가 떠오릅니다. 목사님께 교인 확인서를 부탁하며 '떨어지면 하나님 뜻이요, 만약 합격한다면 그 또한 하나님 뜻이지 않겠느냐' 했던 그때 말입니다. 저를 CBS에 넣어 주시고 20여 년간 생계를 챙겨 주신 하나님의 뜻은 과연 무엇일까요? 그 뜻을 짐작해 보기 위한 저의 늦은 시도가, 이 책을 쓰게 된 또 다른 동기일 수도 있겠네요.

3

탈탈 털어 남는 건, '모릅니다'뿐

앞 장에서 기자들의 수습 시절을 두고 '서러움에 눈물 쏟고, 기면증이 나타날 정도로 지쳐 쓰러지기 일보 직전'이라고 표현했습니다. 대개 경찰서를 밤낮으로 돌면서 남들이 알지 못하는 취재의 작은 실마리를 먼저 찾는 과정이 힘들기 때문입니다. 누가 대뜸 의미 있는 정보를 가져다주겠습니까? 어떻게든 낌새를 포착하고 그것을 바탕으로 사실의 조각들을 하나하나 확보해 가며 사건의 얼개를 최종 확인하는 일이 쉽지 않습니다. 그러한 작업을 24시간 이어가야 하는 게 수습기자들에게 주어진 숙제였습니다. 그 가운데 선배들의 닦달은 쉴 새 없이 이어지지요. 왜 일에 속도를 내지 않느냐는 압박입니다. 언론의 속성은 신속 그리고 정확이니까요.

그 정점에 캡이 있습니다. 'Captain'을 줄인 말로, 언론사 사회부 안에서 각종 사건사고를 취재하는 사건팀 또는 경찰팀의 팀장입니다. 팀장 대신 캡이라 부르는 이유는, 다른 팀장들보다 더 큰 자율성과 독립성 그리고 권위가 인정되기 때문입니다. 캡이 신입 기자들의 훈련을 책임지고 있는 까닭이지요.

입사 후 시간이 흘러 저도 캡인 때가 있었습니다. 언젠가 한 후배가 그때를 평가하며 그러더군요. '선배, 왜 그렇게까지 했어요?' 과거보다는 훨씬 유연하게 한다고 했는데도 무자비하고 혹독하게 비춰졌나 봅니다. 돌아보니 제가 가장 크게 화를 냈던 건 이때였을 것입니다.

하루 일과를 끝내고 저와 사건팀 기자들, 그리고 수습기자들이 함께 저녁 식사를 하는 자리였습니다. 후배 기자 한 명이 제게 보고했습니다. "캡, A 수습이 타사 수습들과 함께 카카오톡 단체방에 들어가 있습니다." 난데없는 얘기였고, 고자질당한 후배는 크게 당혹했겠지만 그냥 넘어갈 상황은 아니었습니다. 앞서 제가 단체대화방에는 절대 들어가지 말 것을 강하게 주문했던 터였습니다. 저는 버럭 화를 내며 그 자리를 박차고 나왔습니다. A 수습은 눈물을 쏟았고 분위기는 얼어붙었겠지요.

기자가 아닌 일반인들이 이 상황을 이해하기란 어려울 겁니다. 취재의 기본을 익혀야 할 때, 가장 중요한 원칙을 엄하게 새겨 주고 싶었습니다. 취재는 '내가', '직접' 해야 한다는 원칙 말입니다. 아시는 것처럼 단체 대화방에는 이것저것 정보가 공유되는데, 특히 각 언론사 수습기자들이 몽땅 포함된 대화방의 내용들은 충분히 짐작이 가지요. 어디서 불이 났더라, 어디서 누가 잡혔더라 하는 얘기가 끊임없이 이어지면서 취재 대신 귀동냥을 익히게 됩니다. 물론 카카오톡의 특성상 누군가의 초대로 의지와 상관없이 들어갈 수도 있지만, 그럼에도 당장 나왔어야 한다는 규범을 강조하고자 했습니다.

취재의 기본 원칙은 '내가', '직접'

무어 그렇게까지 하느냐 하실 수 있겠지요. 그런 저 역시, 이보다 앞선 과거에는 납득하기 어려운 원칙 아래 수습기자 생활을 했습니다. 그때는 2G폰 시절이어서 단체 대화방은 꿈도 못 꿀 때였고요. 대신 수습 기간 타사 기자들과 말도 섞지 말라는 엄명이 내려졌습니다. 마찬가지로 정보를 동냥하지 말라는 취지입니다. 어떤 기자가 특종 기사를 쓸 때 다른 기자들은 '물을 먹었다'고 표현하는데, 물을 먹을지언정 정보는 공유하지 말라는 원칙이 선배들로부터 이어져 내려왔습니다.

정치부 소속으로 국회에서 취재할 때는 기자들이 무리-언론계 은어로 '꾸미くみ・組'를 지어 국회의원들을 만나는 관행이 있더군요. 그래야 정치인들을 만나기 쉽고 기자들과 관계 맺으려는 정치인도 시간의 효율을 높일 수 있겠고요. 하지만 저는 꾸미에 들어오라는 초대를 정중히 거절했습니다. 사실상의 간담회에서 나오는 얘기들은 독점적 정보일 리 없고 또 자연스레 누구나 알게 될 텐데, 그 시간에 나만의 취재를 하는 편이 낫겠다 싶었습니다. 기억하기로는 당시 저와 경향신문 기자 단 두 사람만 꾸미 초대에 응하지 않았네요.

단체 대화방에 들어가거나 꾸미에 속해서 정보를 공유하는 이점을 왜 모르겠습니까. 지금은 저도 그렇게 정보를 귀동냥하기도 하고요. 하지만 기자들이 취재 역량을 익히는 기간에는 가급적 '내가', '직접' 취재해야 한다는 원칙이 여전히 지켜졌으면 하는 바람입니다. 기자가 물 먹는 것이야 다반사이고 다음에 만회하면 그만이지만, 정보 귀동냥이 습관화하면 그 사람은 절대로 올바른 기자가 되지는 못할 테니 말입니다. 제가 캡일 때 혼났던 그 후배가 이 점을 잘 양해해 줬으면 좋겠습니다. 일부러 골려 주고 짜증 냈던 게 아니라, 당장의 답안보다 중요한 취재의 원칙을 강조하고 싶었습니다. 또 취재를 위한 근육을 쌓게 하면서 지식과 지혜가 결코 경험을 대체할 수 없음을 알려 주고 싶었습니다.

그렇게 오해받는 또 다른 대표적 사례가 수습기자들에게 쏟아지는 꼬리에 꼬리를 무는 질문 세례이지요. 이런 가상의 통화 내용으로 보시면 더 쉽게 이해하실 수 있을 겁니다.

"캡, 서울 ○○동에서 살인 사건이 났습니다. 경찰에 잡힌 42세 ○○○ 씨는 어젯밤 ○○시쯤 △△△ 씨가 살고 있는 집에 찾아가 흉기로 찔러 살해하고 달아났는데…."

"흉기? 무슨 흉기?"

"아, 그건 잘 모르겠습니다."

"과도인지, 회칼인지, 주머니칼인지 그걸 알아야 우발적 범행인지 계획적 범행인지 실마리라도 알 것 아니야?"

"다시 알아보겠습니다."

(잠시 뒤)

"캡, 집에서 사용하는 일반적인 과도라고 합니다."

"몇 차례 찔렀어? 상처는 어떤 깊이, 어떤 모양이고?"

"그건 다시 알아보겠습니다."

"그런 걸 알아야 초범인지 상습범인지 연쇄범인지 파악해 볼 수 있을 것 아니야?"

"다시 알아보겠습니다."

이런 대화가 수차례 계속된다면 일부러 괴롭히려는 게 틀림없다 생각하겠지만, 본래의 취지는 그렇지 않습니다. 처음 무언가를 파악해서 보고하는 수습기자에게 이것저것을 묻고, 또 이어지는 꼬리 질문들을 퍼부으면 결국 답은 "모르겠습니다"로 수렴됩니다. 실은 그것이 정답입니다. 기자는 모릅니다. 그 사실을 받아들여야 합니다. 거기서부터 취재가 시작됩니다.

사람들은 몇 가지 사실만으로 전체의 상황을 미뤄 짐작하려는 경향이 큽니다. 집안에서 부부와 자녀가 숨진 채 발견됐고 남편의 부채가 상당했다면 대번에 일가족 집단 자살쯤으로 보일 수 있겠지만, 빌려준 돈을 못 받아 불만을 품은 채권자의 광기 어린 살인극으로 결론이 날 수도 있습니다. 행동경제학의 지평을 열어 노벨 경제학상을 받은 대니얼 카너먼은 저서 《생각에 관한 생각》에서, 사람들은 아이러니하게도 아는 게 거의 없을수록 오히려 정합적 이야기를 만들기 쉽다고 했습니다. 우리는 아는 것이 거의 없지만 그 무지를 애써 외면함으로써 세상이 이해되는 편안함을 추구한다는 것이지요.

기자들도 마찬가지입니다. 아니, 기자들이 더 문제입니다. 대개 기자를 꿈꾸는 지망생들은 다른 이들보다 세상에 대해 더 많이 공부합니다. 더 많은 신문을 읽고 더 많은 토론을 하고, 일부는 입사 전 이미 다양한 영역에서 세상과 부딪치며 적극적인 활동들도 하지요. 그런 경험들이 쌓이면 '내가 어느 정도 세상을 알지' 하는 착각 속에 질문을 게을리할 수 있습니다. 그러나 살아보니 세상이 그렇게 쉽거나 단순하지 않더라고요.

세상을 좀 안다는 오만으로 취재하고 보도하지 않도록 수습기자들을 상대로 묻고 또 물으며 결국 남는 건 자신이 모른다는 사실을 알게 하고 싶었습니다. 무엇보다 중요한 건 자신의 편견과 성급한 유추를 배제한 꼼꼼한 취재입니다. 겸손한 자세로 하나하나 물어가며 취재하고 보도하는 것이 늦더라도 좋은 기자가 되는 정도正道일 것입니다. 그런 면에서 본질적으로 기자는 평론하는 사람이 아니라 질문하는 사람이어야 한다는 생각이고요.

기자의 본질은 유추와 주장이 아닌 질문

그런데 질문에도 기술이 필요합니다. 이에 대해서는 다른 장에서 더 설명해 보겠습니다. 또 질문했다는 그 자체에만 의미를 둬서도 안 됩니다. 그런 차원에서 유튜브 동영상으로 가끔 보이는 면박 주기 방식의 질문 행태에도 저는 동의하기 어렵습니다. 의미 있는 답을 이끌어 내려는 게 아니라 취재원을 상대로 화풀이하고 싸움을 거는 게 기자의 본령은 아니니까요.

답변하는 자체가 대단히 부담스러운 이들에게 어떻게든 물어야 하는 일도 허다합니다. 당사자의 상황과 입장을 모르니 물어보기는 해야 하지요. 어떤 비리를 저지른 이와 혹시 특별한 관계에 있지는 않았는지, 비리가 저질러지는 과정을 알기는 했는지, 제3의 인물이 연루된 정황은 없는지 등을 물어봐야 합니다. 질문을 받는 사람 입장에서는 '나를 의심하는 것이냐'며 벌컥 화를 낼 수도 있습니다. 때로는 질문하는 기자들을 협박하기도 하지요.

하지만 물어야 합니다. 저는 그럴 때 이렇게 말하곤 했습니다. "선생님, 어떤 기자들은 당사자에게 묻지도 않고 추측성 기사를 내

보내기도 합니다. 사람들은 어떻게 그럴 수 있느냐고 화를 내지요. 불편하실 수도 있는데, 여쭤보기는 해야 제가 사실 관계를 바로 전할 수 있습니다. 그래야 오보와 억측을 피할 수 있습니다." 그러면 대부분 이해하고 화를 누그러뜨리더라고요.

가장 곤혹스러운 건 안타깝게 숨진 이의 죽음을 두고 유족에게 질문해야 할 때입니다. 장례식장에서 슬픔을 가눌 길 없이 눈물을 쏟는 유족을 상대로 예의에 어긋나지 않게 다가가 질문해야 하는 상황이 난감합니다. 고인의 억울함은 없는지, 유족들은 어떤 문제 제기를 하는지, 제대로 수사되지 않는 사안은 무엇인지 등등을 물어야 하지요. 정중히 접근해 묻는다고 묻지만, 감정을 추스르기 어려운 유족들에게 기자들이 봉변을 당하기도 합니다.

2022년 11월 22일 '10·29 이태원 참사 유가족 입장 발표 기자회견' ⓒCBS M&C

수많은 인명 피해가 난 재난 상황에도 질문은 멈출 수 없습니다.

국제언론인센터ICFJ가 내놓은 <취재기자를 위한 재난보도 매뉴얼>은 "기자들은 일반 국민들에게 비극적인 사건을 전해 줄 책임이 있다"면서 "주변 상황에 민감하게 대처하는 동시에 소극적으로 행동해서도 안 된다"고 주문합니다. 다만, '힘든 일을 겪고 계신 것을 보니 유감이라고 운을 떼는 것이 최선', '인터뷰를 하지 않겠다고 거부 의사를 표현하거나 정보를 얻어 내려는 언론에 대해 불만을 제기하는 경우 즉시 한 발 뒤로 물러설 것', '감정적 반응을 예상하고 인터뷰 당사자가 인터뷰를 끝내거나 이야기를 잠시 멈추거나 촬영 중단 등의 의사결정을 직접 내릴 수 있도록 해 줄 것' 등을 권고합니다. 2024년 말 179명의 목숨을 앗아간 무안공항 '제주항공 참사' 취재팀에게도 저는 위와 같은 매뉴얼을 공유했습니다. '어쩔 수 없는 질문'은 기자의 숙명임을 강조하고 싶었습니다.

언제부터인가 언론계 안에서 '탐사 보도'가 별도의 영역으로 꼽히기도 합니다. 깊이 취재하고 숨겨진 진실을 드러내는 탐사 보도는 별 게 아닙니다. 많은 질문을 통해 의미 있는 답을 다량으로 확보했다면 탐사 보도의 기본 조건을 충족한다고 봅니다. 어떤 메시지를 담고, 어떻게 엮어 내느냐 하는 문제만 풀면 됩니다. 양질의 탐사보도를 할 수 있는 기자의 역량, 근본적으로 훌륭한 기자가 되는 자질은 겸손하게 질문하는 데에서 뿌리를 내리기 시작합니다.

꾸미, 야마…. 계륵 같은 언론계 은어들

앞서 언급한 꾸미〈み 외에도 언론계에는 다양한 은어隱語들이 존재합니다. 안타깝게도 언론계 은어 상당수는 일본어를 차용하고 있습니다. 19세기 말 일본의 침략이 본격화하는 무렵 현대 저널리즘이 이 땅에 태생했기 때문입니다. 은어는 그 사용자들이 소속된 집단의 차별적 속성을 내포하고 있는 까닭에, 언론계 은어를 통해 기자들의 행동 양식과 관점의 특이점을 살펴볼 수 있습니다. 그런 취지에서 몇 가지 은어들을 소개해 봅니다.

○ 야마: 산山의 일본어 발음입니다. 우리말로는 '핵심'이나 '주제'로 바꿔 표현할 수 있을 것입니다. 기자들은 하나의 이슈를 두고도 다양한 야마의 기사를 만들어 냅니다. 가령 공직자 재산 공개 자료가 쏟아져 나올 때에는 '재산이 가장 많은 이들', '재산 증가나 감소가 큰 이들', '최근 관심이 집중된 이의 재산 상황', '부처별 평균 재산 순위', '부동산이나 주식 외의 특이 자산' 등으로 얼마든지 다른 이야기들을 담아낼 수 있습니다. 또 정치인 지지도 조사 결과 기사가 있다면 후속으로 최근의 추이나 특정 지역에서의 특이점을 부각해 기사화할 수도 있는데, 이를 '야마를 튼다'고 말합니다.

한편, '야마=핵심·주제'로 등치시키기 애매한 이유도 있습니다. 수석 합격자의 노력과 열정을 조명하는 기사를 써야 할 때, 어떤 기자는 늘 연필을 집느라 부어 있는 수석 합격자의 손가락에 초점을 맞출 수도 있습니다. 이때는 공부하느라 부은 손가락이 야마가 될 텐데, 이를 단순히 '핵심'이나 '주제'로 말하기에는 거리감이 있습니다. 그런 면에서 야마는 '같은 이슈 안에서 어떻게든 차별화를 꾀하는 기자의 관점'으로 해석할 수도 있겠습니다.

○ 도꾸다이: 특종特種을 말합니다. 일본어 발음은 'とくだね 도쿠다네'이지만 현실에서는 도꾸다니, 도꾸다이 등으로 표현합니다. 아울러 다른 언론사가 따라 쓰지 않고는 못 배기는 파급력 큰 기사는 특종이라 부르고, 그 정도는 아니어도 의미 있는 발굴 기사는 '단독'이라 부릅니다. 비슷하게 발음되는 도꼬다이라는 표현도 있습니다. 다른 사람들과 몰려다니지 않고 독립적으로 취재하거나 저만의 방식으로 취재해 나가는 기자를 이렇게 부르는데, 이는 특공대의 일본어 발음 'とっこうたい 토꼬타이'에서 유래했습니다.

○ 반까이: 한자어 만회挽回의 일본어 발음입니다. 뜻도 정확히 일치합니다. 실패를 극복하고 손실을 회복한다는 의미입니다. 다른 기자의 특종이 곧 나의 낙종落種일 텐데, 이를 역전시킬 다른 특종을 내놓는 행위를 '반까이 한다'고 표현합니다.

○ 우라까이: 다른 언론사, 다른 기자의 기사를 적당히 베껴 쓰는 행태. 급하게 따라 써야 할 기사일 경우, 확인하기 어렵지만 따라 쓸 수밖에 없는 특종의 경우, 그리고 보도자료에 근거하여 별다른 차별성을 피력할 수 없는 기사일 경우 우라까이 방식으로 기사 작성하는 모습을 볼 수 있습니다. 명백한 잘못이지만 완전히 근절되지는 않는 언론계 병폐입니다. '뒤바꾸다'라는 뜻의 일본어 '裏返す 우라가에스'에서 이 표현의 유래를 찾는 견해도 있습니다.

○ 사스마리: 사회부 내 경찰팀 또는 사건팀을 의미합니다. 언론사마다 부르는 이름은 다를 수 있지만 경찰서를 중심으로 각종 사건사고를 취재하는, 전형적인 취재팀입니다. 'さつまわり _{사츠마와리}'로 발음되는 일본어 '察回'가 그 뿌리로, 일본어 사전에 오른 뜻은 "기사를 취하기 위해 경찰에 출입하는 것"입니다. 하지만 사스마리 기자들은 경찰서만 드나드는 것도 아니고 사건사고만 취재하는 것도 아닙니다. 출입처를 가리지 않고 기획 기사를 쓰고 탐사 보도도 합니다. 이 때문에 경찰팀이나 사건팀으로 의미를 축소해 부르지 않고, 여전히 사스마리로 통칭하는 게 현실입니다.

○ 모찌: '기사로 쓸 만한 이야기의 실마리' 정도로 보면 됩니다. 따라서 기자들은 괜찮은 모찌를 찾기 위해 이리저리 현장을 헤매고, 이 사람 저 사람을 만나고 다닙니다. '가지고 들어오는 것'이라는 뜻의 일본어 'もちこみ _{모찌꼬미}'에서 유래됐습니다. 척척 모찌를 받아온다면 수완이 좋은 기자로 평가받습니다. 반대로 종종 모찌를 주는 취재원은 기자들이 따를 수밖에 없지요. 하지만 취재원이 턱턱 주는 모찌에는 의도가 담겨 있을 수 있으니 주의해야 합니다.

○ 게찌: 일본어 'けち _{케찌}'는 '쩨쩨하다', '초라하다'는 뜻입니다. 이를 차용해 '게찌 붙다'는 표현이 만들어졌는데, '트집 잡다'라는 의미를 지닙니다. 보통 출고된 기사에 항의가 들어올 때 '누군가 게찌 붙었다'고 말합니다. 기자의 입장에서는 명백한 오류가 없는데도 트집 잡는 누군가의 행위를 섭섭한 어조를 담아 표현하는 셈이네요.

보시는 바와 같이 언론계의 많은 은어가 일본어에서 비롯된 까닭에 이를 근절하자는 주장이 나온 게 한두 해 전이 아닌데, 여전히 사라지지 않는 현실입니다. 저를 비롯한 기자들의 안일한 인식 때문이기도 하고, 정확히 대체할 수 있는 단어가 마땅치 않기 때문이기도 합니다.

재일교포 출신의, 일본 마이니치신문 김지상金志尚 기자와 이를 두고 이야기를 나눌 기회가 있었습니다. 일본 언론에서는 단독 기사를 언급할 때 '独自도쿠지' 또는 'Scoop스쿠프'라고 표현한다 하네요. 또 조사 보도調査報道라는 표현도 쓰는데, 보도자료에 의존하지 않은 탐사 보도의 뜻을 담고 있습니다.

사스마리는 여전히 일본에서도 쓰는 표현입니다. 여기에 덧붙이면 아침 일찍 취재 대상 경찰 관계자의 집을 찾아 취재하는 것을 '朝駆け아사가케'라 하고, 밤에 이를 시도하는 것을 '夜回り요마와리'라고 부릅니다. 취재원의 집에 직접 찾아가 정보를 캐내는 일본 언론사의 독특한 문화가 반영돼 있습니다.

그런가 하면 '우라까이'나 '야마' 등 한국 기자들이 일상적으로 쓰는 표현은 일본에서도 쓰지 않는다고 신기해 하더군요. 국적 불명의 표현을 써 가며 기자 생활을 해왔다는 생각에 부끄러웠던 기억이 있습니다.

마지막으로 재미있는 것은, 우리가 흔히 말하고 듣는 '기레기기자+쓰레기'와 유사한 표현이 일본에도 있다는 점입니다. 매스커뮤니케이션에 쓰레기를 뜻하는 'ごみ고미'를 붙여 '마스고미'라고 한다 하네요. 한국과 일본, 양국 언론의 참담한 현실입니다.

4

채용 경험자가 전하는 언론사 입사 꿀팁

언론사 입사를 희망하는 분들은 이번 장을 유심히 보면 좋겠네요. 입사를 위한 꿀팁들이 다량으로 나갈 수 있습니다. 저는 이래봬도 CBS의 채용을 두 차례나 주관했던 책임자였으면서 필기시험 문항들을 직접 출제하기도 했습니다. 몇 차례 실무 면접도 담당해 봤고요. 회사가 바라는 인재상을 그려 봤고, 그에 맞춰 채용 전형을 설계했으며, 실제 지원자들과 만남을 통해 어떤 사람이 더 나은지를 고민해 봤다는 뜻입니다. 물론 이를 위해 타사의 채용 방식도 틈틈이 살펴봤겠죠. 기자로 입사한 뒤 이러한 일들을 두루 해보기란 쉽지 않은데, 기자직에 관한 한 구직求職과 구인求人 모두를 경험해 본 셈입니다.

언론사 입사, 그중에서도 기자 입사에 초점을 맞춰 얘기해 볼까 합니다. 기본적으로는 서류 심사와 필기시험 실무 면접 그리고 임원 면접의 네 단계로 진행됩니다. 서류 심사에서는 학점과 영어 성적, 그리고 자기소개서 등을 제출하도록 합니다. 여기서는 우수 자원을 가려내기보다 최소 기준에 부합하지 않는 이들을 솎아 내는 과정이라고 보면 됩니다. 제출해야 할 서류를 내지 않았거나 기본 요건을 갖추지 못한 내용으로 심사에 임한 이들을 걸러냅니다. 대개의 언론사는 서류에서 비춰지는 역량이 다소 미흡하더라도 필기시험에서 잠재력이 있는지를 테스트해 보려 하기 때문에 서류심사부터 번번이 낙방한다면 방향 선회를 해야 하는 것은 아닌지 스스로 냉정히 숙고할 필요가 있습니다.

2024년 CBS 신입 직원 공개 채용을 위한 필기시험장 모습

이후의 필기시험 형태는 언론사별로 조금씩 차이가 납니다. 어떤 곳은 논리력이나 사고력을 측정하기도 하고, 적성검사를 곁들이기도 하고요. 하지만 여전히 상식(종합교양)이나 논술, 그리고 작문에 대한 식견과 능력을 측정하는 방식이 일반적입니다. 상식 시험을 두고는 저도 다양한 대안들을 떠올려 봤습니다. 검색만 하면 어떤 정보든 다 알아낼 수 있는 상황에 무슨 상식 시험을 치르느냐는 얘기도 숱하게 들어봤고요. 그럼에도 불구하고 상식 시험을 유지하는

이유는, 기자들이 말 그대로 교양을 갖춰야 하는 까닭입니다.

사전에 나온 교양의 정의는 '학문, 지식, 사회생활을 바탕으로 이루어지는 품위 또는 문화에 대한 폭넓은 지식'입니다. 이러한 교양이 없다면 기자는 무엇이 의미 있는 이슈인지, 무엇이 기사로 가치가 있는지를 판별하기 어렵습니다. 또한, 국회가 구체적으로 무엇을 하는 곳인지, 한국의 형사사법 체계 안에서 검찰과 경찰의 역할은 어떻게 다른지, 금리의 인상 인하로 인한 영향이 무엇인지를 모른다면 제대로 된 취재를 할 수도 없겠지요. 나아가 기자가 특정 영역에 천착한 스페셜리스트 specialist 보다 다방면의 사안들을 종합해 내는 제너럴리스트 generalist 로서 더 높은 가치가 있다면, 풍부한 상식과 종합 교양의 함양은 매우 중요합니다.

제너럴리스트 역량을 지니고 있는가

문제는 상식의 범위를 종잡을 수 없다는 점입니다. 영역을 넓히자면 초·중·고등학교 때 배운 모든 지식과 대학 전공별 웬만한 개론서의 내용, 그리고 매일매일 뉴스가 쏟아 내는 세상사들이 모두 상식에 포함되겠지요. 출제자 입장에서도 갈피를 잡기 어렵습니다. 그래서 다음과 같은 방식으로 출제합니다. 정치와 법, 경제와 경영, 역사와 철학, 예술과 문학, 언론, 기술 등의 카테고리를 나누어 각각 변별력 있는 문제를 내는 식입니다. 때로는 대학교수나 전문가 등 외부에 출제를 의뢰하기도 하고 내부 담당자들이 직접 출제하기도 합니다. 기왕이면 시의성을 감안해야 지원자가 최근 이슈들까지 잘 섭렵하고 있는지 함께 측정할 수 있겠지요. 이렇게 설명해도 어리둥절할 텐데, 시중에는 '종합 교양', '상식' 등의 이름으로 많은 참고서와 문제지가 판매되고 있으니 참고하면 좋겠습니다. 출제자들도 이를 참고하는 게 현실이고요.

다음으로 논술과 작문입니다. 둘 다 글쓰기 역량을 살펴보려는 것이지만 취지는 약간 다릅니다. 논술은 특정 이슈를 두고 응시자가 자신의 주관을 세워 설득력 있게 글을 쓸 수 있는지를 평가합니다. 이를 위해서는 세상을 바라보는 건전한 시각을 바탕으로 논리력과 문장력이 필수적이고, 여러 사회 현상에 대한 깊이 있는 이해가 전제돼야 하겠지요. 작문은 제시된 소재를 활용해 얼마나 참신한 발상을 떠올릴 수 있고 그것을 감각적인 글쓰기로 담아낼 수 있느냐를 평가합니다. 그렇다고 다른 사람들이 수긍하고 호응할 수 없는 문장들을 나열한다면 당연히 좋은 점수를 받을 수는 없을 테고요. 배경지식과 설득력, 문장력 등이 논술의 주요한 득점 요소라면, 발상의 독창성과 개성 있는 문체 등이 작문의 득점 요소이겠습니다.

일반적 글쓰기에 대한 가이드라인은 이후 짚어 볼 기회가 있겠습니다. 다만, 지원자들의 논술과 작문 답안지를 채점해 본 경험에 비춰 이 점은 언급하고 가겠습니다. 새로운 작법을 시도해 볼 수는 있지만, 이는 기본을 뛰어넘는 역량을 갖출 때라야 의미가 있습니다. 그렇지 않다면 파격보다 정통을 겨냥함이 옳습니다. 누구나 아는 '기-승-전-결', '서론-본론-결론' 구조에 충실하라는 조언입니다. 또 맞춤법은 기본 중에 기본이며, 답안지가 원고지라면 원고지 정서법도 지켜야 합니다. 아울러 실제 펜으로 써야 할 경우, 명필일 필요는 없지만 악필이라면 채점자의 피로감을 높여 불리해질 수 있음을 유념해야 합니다.

필기시험 전형의 관문을 통과했다면 회사와 대면하여 역량을 평가받는 면접 전형에 임하게 됩니다. 면접은 두 단계로 나뉘는데, 먼저 실무진들이 주축이 된 역량 평가를 거친 뒤에 최종 임원 면접이 이어집니다. 역량 평가의 경우 기자 직무를 수행하기 위한 기본적 소양이 어느 정도인지를 확인하는 것이 목적입니다. 취재와 기사 작성에 대한 실제 능력을 측정하면서 변화를 위한 열망이 있는지, 인간관계가 원만한지, 조직 구성원으로서 융화할 수 있는지 등을 평가합니다.

예측 불가 상황 속 문제 해결 능력 갖춰야

제가 실무 면접에 임할 때는 이런 질문을 많이 했던 것 같습니다. '당신이 살면서 겪은 가장 큰 위기는 무엇이고, 그 위기를 맞아 어떻게 대응했습니까?' 취재에는 교본이 없습니다. 변화무쌍한 세상 속에 각양각색의 사람들을 만나 원하는 이야기를 끄집어내야 하는데, 매뉴얼이라는 게 있을 수 없지요. 그렇다 보니 순발력 있는 상황 대처 능력이 절실합니다. 또 어찌할 바 모르는 답답한 국면에서도 어떻게든 해법을 찾아내는 게 기자들의 능력이라고 보는데, 그렇다 보니 '위기를 어떻게 극복해 봤느냐'는 질문에 대한 답을 들어보곤 했습니다. 지원자의 지혜와 투지를 확인해 보고 싶었습니다. 취재에 나선 기자에게는 아무런 권한도 주어지지 않아 실패를 정당화하는 숱한 변명들이 넘쳐나지만, 누군가는 여기저기를 두드리고 또 두드려서 의미 있는 성과를 낳기 때문입니다. 상식이나 문장력 등은 시간이 가면 언젠가는 배양될 수 있고요.

기자에 지원하는 이들이 거쳐야 하는 마지막 관문은 최종 면접, 즉 사장을 비롯한 회사 고위 간부들의 인터뷰입니다. 이때 회사 간부들은 개별 입사 지원서를 옆에 두고 지원자들에게 각각 질문을 던집니다. 당연히 지원서 속 눈에 띄는 이력이나 특기에 대해 묻겠지요. 그러면서도 지원자의 품성을 확인해 보고 싶을 것입니다. 역량 평가의 주안점이 '능력>품성'이라면 임원 면접의 주안점은 '품성>능력'입니다. 특히 최근 들어서는 이직이 빈번해지면서 '어떤 사람이어야 우리 조직에서 오랜 기간 능력을 발휘하고 헌신할 수 있는가'가 핵심 평가 기준입니다.

그러니 이점을 잘 어필해야 할 텐데요. 저라면 지원한 회사의 주요 콘텐츠를 잘 아는 것을 넘어, 최근의 추이를 분석해 더 나은 발전을 위한 나름대로의 제안도 해 보겠습니다. 나아가 회사의 매출 구조를 파악해 회사가 중시하는 것과 그렇지 않은 것을 구분하고, 무게추가 실린 분야에는 내가 어떻게 더 이바지할 수 있는지도 얘기해 보겠습니다. 평가자들이 '우리 회사에 깊은 애정이 있고, 반드시 필요한 사람이다' 하는 생각이 들도록 말입니다.

면접에서 좋은 점수를 얻도록 하는 학원까지 있다지만, 사람의 됨됨이는 쉽게 꾸며질 수 없다는 생각입니다. 그 됨됨이를 이루는 것은 결국 그 사람의 경험들일 테고요. 그런 점에서 다양한 경험들을 통해 늘 무엇이라도 깨닫고 배워나가는 이들은 비교 우위에 있습니다. 그러한 지원자들의 꺼내는 답변은 늘 고유한 깊이를 지니고 있어 좋은 점수를 받을 수밖에 없습니다. 여기에 조곤조곤 답하는 태도 정도만 익히면 더할 나위가 없을 것입니다. 혹시나 긴장감에 생각이 잘 정리되지 않는다면, '잠시 생각할 시간을 주시겠습니까?'하며 양해를 구해도 무방합니다. 또 강조할 포인트가 제대로 어필이 되지 않았다고 생각하면 마무리 국면에 '이 말씀은 꼭 드리고 싶습니다' 하면서 짧게 덧붙여도 예의에 어긋나지 않을 것이고요.

지원자의 면면을 더 깊이 살펴볼 수 있도록 몇 주 또는 몇 달간에 걸친 인턴 기간을 두고 평가하는 방식도 있습니다. 채용에는 오류가 없을 수 없는데, 그 비율을 줄일 수 있는 가장 적합한 방식일 것입니다. 짧으면 몇 분 길면 하루이틀 되는 면접에서 놓칠 수 있는 지원자의 진면목을 볼 수 있으니까요. 그러나 채용이 담보될 수 없는 채로 오랜 기간 한 회사에 종속시키는 점은 지원자에게 너무한 측면이 있습니다. 또 구인하는 입장에서도 더 많은 지원자를 확보하기 어려운 한계도 있습니다. 요새는 다른 곳에 고용된 가운데 신입 채용에 도전하는 지원자들이 많은데, 이들의 경우 장기간의 인턴에는 선뜻 응하기 어려운 까닭입니다.

아울러 사풍에 대한 이야기도 빠뜨릴 수 없습니다. 아무리 능력이 뛰어나도 사풍과 어울리지 않는 사람을 뽑기는 어렵습니다. 재기 발랄한 회사에서 점잔 빼는 사람을 기피하듯, 역사와 전통이 있는 회사에서는 마냥 톡톡 튀는 사람에게 좋은 점수를 주지는 않을 것입니다. 따라서 면접을 보든 인턴에 나서든 해당 언론사의 논조와 역사, 분위기 등을 파악하는 건 대단히 중요한 일입니다. 여기에 해당 언론사의 최근 이슈들을 취재해 꿰고 있다면 절반은 따놓은 당상이지 않을까요?

여기까지 들으면 언론사가 능력 순으로 사람을 뽑는 게 아니라 입맛에 맞는 사람을 뽑는 것이냐 하는 지적도 받을 수 있겠네요. 하지만 일정 부분 그것이 현실입니다. 또 일견 옳은 말이기도 합니다. 연인이나 친구 사이에는 케미chemistry가 맞아야 하는데, 조직과 사람의 관계도 그렇습니다. 성향이 맞아야 조직도 발전하고 구성원도 행복할 수 있습니다. 과거 언젠가 어렵사리 CBS에 합격한 수습기자가 며칠 안 돼 퇴사하겠다고 하더군요. 자신과 '논조'가 맞지 않는 것 같다면서요. 그리고는 다른 신문사에 입사했는데 얼마 지나지 않아 발군의 실력을 뽐내며 훨훨 날아다니는 것을 볼 수 있었습니다. 참 잘 됐다 싶었습니다. 논조가 다른 CBS에 있었으면 그 정도로 실력을 발휘하지 못했을 것이고요. 그러니 설령 면접에서 몇 번 떨어졌다 해서 좌절할 필요는 없습니다. 단지 케미가 맞지 않는 언론사와 맺어지지 않았을 가능성이 있습니다.

더 나은 세상을 만드는 최적의 직업, 기자

그런데 저든, 언론계의 어떤 누구든 한가하게 지원자에게 이러쿵저러쿵 조언이나 하고 있을 수는 없는 게 솔직한 현실입니다. '언론고시'라는 말이 철 지난 옛말이 됐을 정도로 최근 언론사 입사 지원자들의 수가 눈에 띄게 감소하고 있기 때문입니다. 입사 경쟁률이 예전과 같이 높지는 않네요. 공무원 시험 경쟁률도 떨어졌다고 하니 문과 계열 대학 전공에 이은, 문과 계열 직업군의 인기가 전반적으로 시든 것이 원인일 것입니다. 여기에 기자라는 직업에 대한 동경도 과거보다 줄었을 테고, 신생 언론사들이 잇따라 생겨난 것도 기자 경쟁률 하락의 또 다른 원인이겠습니다.

이즈음에 이 책을 쓰는 또 다른 이유를 밝혀야 할 것 같습니다. 기자라는 직업이 얼마나 가치 있고 매력적인지 어필해야 할 대목입니다. 아시는 것처럼 기자의 일이 쉽고 편하지 않습니다. 예측이 어려운 생활 속에 24시간 긴장하곤 하지요. 늘 새로운 뉴스를 발굴해야 한다는 스트레스는 또 어떤가요. 그러면서도 상대적인 급여 수준이 높은 것도 아닙니다.

검찰 소환조사를 앞둔 중요 인물을 포착하려 대기 중인 취재진들 ⓒCBS M&C

하지만 기자만큼 우리 사회와 함께 밀접하게 호흡하는 직업이 있을까요? 기자만큼 경향 각지는 물론 세계 곳곳을 누비며 역사의 한 페이지를 직접 목도하며 기록해 나가는 직업이 있을까요? 기자만큼 사회 여러 분야를 두루 조망하면서 종합적이고 근본적인 식견을 쌓을 수 있는 직업이 있을까요? 기자만큼 다양한 사람을 만나 가며 삶의 깊이와 넓이를 더할 수 있는 직업이 있을까요? 기자만큼 사회의 실질적인 변화를 꾸준히 이뤄낼 수 있는 직업이 있을까요? 기자만큼 자신의 이름을 내걸고 공익적 활동을 하면서도 생활인으로서 적절히 보상받는 직업이 있을까요?

무엇보다, 자신의 건강한 신념을 바탕으로 '옳은 것은 옳다, 그른 것은 그르다' 당당히 말해 가며 더 나은 세상을 만들고자 한다면 가장 적합한 직업은 단연 기자일 것입니다. 그 길에 함께하고 싶은 후배들을 늘 고대합니다. 사회의 모순과 불합리를 직접 겪어 본 흙수저 출신이라면 더욱 환영합니다. 그들의 뼛속 깊이 새겨진 절절한 변화의 의지를 알고 있기 때문입니다. 그 후배들과 술잔을 기울이며 '나는 너희들이 흙수저 출신이라 참 좋다'라고 격려할 그날을 늘 기대합니다.

밋밋한 현실
어딘가에 있나,
흰 까마귀

5

살아 숨쉬는 뉴스, 현저성부터 높여라

　선배 기자 한 분이 뜬금없이 이런 말을 합니다. '기사만 안 쓴다면 기자가 참 좋은 직업인데….' 기자라면 누구나 동의할 말입니다. 좋은 사람들과의 만남이 업무로 인정받고, 어디에서든 당당할 수 있고, 상대적으로 큰 자율성도 인정받으니까요. 하지만 기사의 생산은 기자의 존재 이유입니다. 그 존재의 이유로 인해 나날이 고민도 이어가고요.

　그 고민의 시작은 무엇을 기사로 쓸 것인가, 곧 뉴스란 무엇일까 하는 점 아닐까요. 입사 후 처음 기자의 명함을 갖게 되면서 고민이 깊어지지요. 하지만 그때는 대개 선배들의 지시를 이행하는 수준이고, 연차가 쌓이면서 스스로 발제를 하고 뉴스를 발굴해야 하는 압박이 커지면서 더 깊은 고민을 하게 됩니다. 과연 무엇이 뉴스이고 무엇은 뉴스가 아닐까요.

　언론학개론에서도 다양한 견해들이 실려 있습니다. 그중 뉴스news의 어원을 두고는 News란 North, East, West, South의 첫

글자를 따서 '동서남북 세상 모든 곳의 이야기'라는 뜻을 담고 있다는 설도 있고, 새로운 소식들New-s의 의미를 나타낸 것이라는 설도 있습니다. 미국의 저널리스트이자 편집자·발행인으로 명성을 날렸던 크리드 블랙은 뉴스를 이렇게도 정의했습니다. "뉴스는 별게 아니라 발행인들과 그들의 친구들에게, 혹은 그 주변에서 일어난 일들이다." 하지만 그 모든 일들이 신문에 실리는 것은 아니고, 기준은 있었을 것입니다. 그래야 하고요. 이에 대한 저의 생각을 꺼내 보겠습니다.

무엇보다 뉴스는 새로워야 합니다. 새롭지 않으면 뉴스가 아닙니다. 어제 읽은 기사는 더 이상 뉴스로서의 가치가 없습니다. 신문新聞이 '새로운 것을 듣다'라는 뜻이기도 하고요. 그런 이유로 뉴스는 '새로운 것들New-s'이라는 기본적인 정의에 대체로 동감합니다. 새로움에 대한 가치는 너무나 중요해서 따로 떼어 다음 장에서 설명해야 할 것 같습니다. 지금은 새로움을 넘어 다른 기준을 언급하고자 하는데, 바로 기록되거나 전파될 만한 가치가 있는가 하는 점입니다.

기록될 가치, 전파될 가치가 있는가

뉴스는 기록이지요. 오죽하면 뉴스 생산자를 기록記하는 사람者이라고 하겠습니까. 기록으로서의 뉴스라고 하면 악타 디우르나acta diurna가 떠오릅니다. 옛 로마 시대 줄리어스 시저가 공표한 법령에 따라, 원로원과 당시 사회에서 있었던 일들을 기록해 공공장소에 게시한 것을 악타 디우르나라고 불렀습니다. 이것을 현대 신문의 효시라고 봅니다. 기록이라고 하면 우리 민족을 빼놓을 수는 없지요. 가깝게는 《조선왕조실록》이 유네스코 세계기록유산으로 등록되며 우리가 '기록의 민족'임을 입증받았습니다. 방대한 기록물인 《조선왕조실록》이 더 대단한 이유는 그 객관성과 공정성에 있습니다. 실록은 사관史官이 작성한 사초史草를 바탕으로 집필하는데, 사관은 그 독립성이 유지되도록 왕의 사초 열람이 금지됐습니다. 어찌 보면 오늘날 기자들보다 더 '기자다움'을 지녔겠습니다.

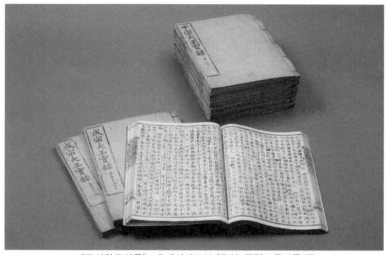

《조선왕조실록》 오대산사고본 (출처: 국립고궁박물관)

사관이 별의별 사실들을 죄다 기록했다는 얘기를 들어보셨을 것입니다. 그러나 어떻게 24시간 모든 행적들을 다 기록할 수 있겠습니까. 선별 과정을 거쳤겠지요. 그러자면 기준이 있어야 하고, 그 기준은 각 사관史官의 사관史觀을 따랐을 겁니다. 역사를 바라보는 관점이지요. 지난 역사를 보는 관점뿐 아니라 어떤 것을 역사에 남기느냐 하는 관점도 중요했을 것입니다.

현재의 기자들도 인식하든 인식하지 못하든 사관史觀을 지니고 있을 터입니다. 자신의 기사가 차곡차곡 남겨지는 것을 모르지 않을 텐데, 무엇을 기록으로 남기고 무엇을 남기지 않을 것인가 하는 기준, 즉 사관이 있을 수밖에 없지요. 그런데 인터넷에 난립한 기사들을 보면 해당 기자의 사관을 의심하곤 합니다. 솔직히는 아찔하고 끔찍한 마음을 감출 수 없을 때가 많습니다. 각종 홍보성 기사는 물론이고, 누군가의 민원이 공적 가치가 덧씌워진 기사로 둔갑되기까지 합니다. 혹여나 기준 자체가 클릭 수인가 의심이 들기도 하지요. 뉴스는 기록이고, 기자는 역사를 의식해야 할 텐데 말입니다.

기록될 가치에 대해 살펴봤다면 이제 공중에게 전파될 가치가 있느냐에 대해서도 살펴봅니다. 핵심은 지금 대중이 알게 되면 공익적 효과가 있는가 하는 점이지요. 공익적 효과가 있는 정보에 대해서는 당연히 뉴스로 알려야 할 것이고요. 이때의 뉴스는 사회 고위층의 비리를 폭로하는 권력 감시 기능을 수행하기도 하고, 물가나 금리 소식을 알려 주는 정보 전달 기능도 수행합니다. 또 매우 중요하나 우리가 간과하는 문제들을 제기하면서 주의를 환기하고 여론을 일으키는 역할도 수행합니다. 이를 위한 뉴스는 지금 대중에게 전파해야 할 공익적 가치가 있음이 물론입니다.

그렇다면 뉴스의 관계성도 주목해야 합니다. '대중에게 전파될 가치'에 대한 판단은 온전히 기자들만의 몫은 아닐 테니까요. 학창 시절 배웠던 연극의 3요소 기억하십니까? 희곡, 배우, 관객입니다. 그렇다면 뉴스의 3요소는 무엇일까요? 저는 뉴스를 생산하는 기자와, 뉴스가 전해지는 미디어와, 뉴스를 수용하는 독자(시청자)라고 생각합니다. 그 관계성 안에서 뉴스가 생산되고 전달되고 수용되어, 사회의 변화를 만들어 내겠지요. 뉴스가 기자에 의해서만 좌우되는 것이 아니라 미디어와 독자에 의해 바뀐다는 점은 매우 중요한 사실입니다. 이는 다른 장에서 깊이 있게 다루겠습니다.

뉴스가 관계성 안에서 가치를 띤다면 기자들은 독자를 의식해야 합니다. 독자가 현재 어떤 상황에 놓여 있는지, 어떤 것에 관심이 있는지 그리고 앞으로 어떤 것에 관심을 갖게 될지를 파악해야 합니다. 이 못지않게 중요한 것은 독자의 눈에 띄는 일입니다. 뉴스가 메모장이나 일기장 안의 낙서처럼 취급받지 않기 위해서는 먼저 독자의 눈에 들어와야 합니다. 뉴스의 3요소가 기자 - 미디어 - 독자라면, 그 가운데 독자가 빠진 뉴스는 뉴스가 아닐 것이기 때문입니다.

독자에 다가갈 수 없다면 뉴스가 아니야

뉴스가 독자의 눈에 띄는 속성을, 저는 뉴스의 현저성顯著性; salience이라고 부릅니다. 현저성이 높다면 많은 독자가 해당 뉴스를 인식하고 있다는 것이고, 현저성이 낮다면 많은 독자가 해당 뉴스 자체를 인식도 못 한다는 것이지요. 좋은 뉴스든 나쁜 뉴스든 독자가 뉴스를 알지도 못한다면, 즉 해당 뉴스의 현저성이 일정 수준에 오르지 않는다면 냉정히 말해 뉴스로 규정하기 어렵겠다고 말씀을 드렸습니다. 그러면 기자와 언론사는 이에 대한 고민부터 해야 합니다.

이제 그 현저성을 높이기 위한 방법입니다. 그림을 그리듯 대중이 바라보는 눈의 높이를 떠올려 볼까요? 그 눈높이에 맞춰 어느 정도라도 특정 뉴스의 존재감을 끌어올려야 뉴스에 영향력이 생깁니다. 그 뉴스는 두 개의 층 위에 놓여 있습니다. 바닥에는 뉴스들이 배치되는 플랫폼이 있고 그 바로 위에 놓인 것은 뉴스가 지닌 시의성입니다. 그리고 뉴스는 크든지 작든지 임팩트를 품고 있습니다. 아래로부터 ▲ 플랫폼과 ▲ 시의성 그리고 ▲ 임팩트라는 세 개의 층이 쌓여 뉴스의 현저성을 높이는데 그것이 대중의 눈높이에 맞춰 어느 정도까지 올라오는가가 관건입니다.

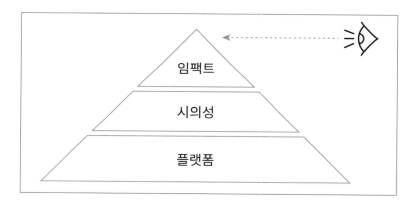

먼저 플랫폼은 당장 어찌할 수 없는 상수입니다. 플랫폼이 두터우면 시의성과 임팩트가 어떻든 뉴스의 현저성이 높습니다. 예를 들어, 조선일보는 과거 발행 부수가 200만 부 이상이라고 자랑했습니다. 맞다면 조선일보 기사를 실은 조선일보 지면은 두터운 플랫폼이라는 평을 받을 수 있습니다. 무슨 기사를 써도 200만 명 이상이 그 기사를 접할 수 있는 까닭입니다. TV 채널이 몇 없을 때 KBS나 MBC 방송의 메인 뉴스 프로그램도 시청률 20%를 웃돌았던 덕분에 역시 두터운 플랫폼이었고, 시의성이나 임팩트가 낮

은 뉴스라 하더라도 시청자들에게 영향을 주기에 충분했습니다. 하지만 플랫폼이 다양해지고 뉴스에 대한 관심이 줄어든 지금은 그 어떤 미디어 플랫폼도 현저성을 두텁게 뒷받침한다고 보기는 어려운 실정입니다. 이제는 유튜브 구독자 수가 플랫폼의 두터운 정도를 나타내는 새로운 척도가 되기도 하고요.

그 플랫폼 위에는 시의성이라는 층이 있다고 했습니다. 사람들이 이미 관심을 갖고 있는 이슈와 관련한 기사라면 시의성이 높다고 보겠습니다. 지진이 일어난 다음 날에는 현재의 피해 상황 소식이나 과거 사례, 안전 대비책 등과 관련한 뉴스에 사람들의 관심이 몰릴 수밖에 없습니다. 당연히 지진에서 파생된 이슈들을 뉴스로 다루는 것이 뉴스의 현저성을 높이는 데 도움이 됩니다. 매스미디어 효과 이론 중 '점화 효과priming effect'도 같은 맥락입니다. 앞서 흡수한 정보가 이후 접하는 정보의 이해나 해석에 영향을 준다는 취지입니다. 저의 경우 연말 무렵 내년도 다이어리를 마련한 뒤 1월 1일부터 12월 31일까지 365일 각각의 약사略史를 메모해 놓기도 했습니다. 미리미리 다가올 일정들을 염두에 둬 가면서 취재 계획을 세우기 위함이었습니다.

다시 돌아와서, 플랫폼과 시의성을 바탕으로 그 위에 놓인 뉴스는 임팩트를 품고 있습니다. 뉴스의 강도強度입니다. 가령 유력 정치인의 비리 폭로는 임팩트가 대단히 큽니다. 한 소규모 아파트 단지 조합장이 공금 일부를 횡령한 사건은 임팩트가 크다고 보기는 어렵습니다. 기자와 언론사는 임팩트가 높은 뉴스를 공급하기 위해 애를 쓸 것은 당연하고요.

플랫폼 - 시의성 - 임팩트라는 세 가지 조합으로 현저성이 발휘되지만, 세 가지 요소가 늘 충만한 것은 아닙니다. 해당 언론사의 플랫폼이 두텁지 않다면 시의성과 임팩트를 올리는 데 더욱 노력해야 합니다. 시의성을 타고 갈 만한 취재물이 아니라면 어떻게든 임팩트를 높이려 애써야 하고, 기사의 임팩트가 떨어진다면 시의성 있는 기사를 찾는 편이 낫습니다. 아파트 조합장의 공금 횡령 사건도 그 자체로는 뉴스의 현저성이 떨어지지만 각 조합의 비리가 잇따르면서 사회 문제가 된다든가, 해당 아파트의 가치가 갑자기 올라 많은 사람의 주목을 받기 시작했다면 시의성이 더해지면서 뉴스의 현저성이 높이지게 됩니다.

이러한 구조를 이해한다면 이른바 '지라시 언론' 보도 행태의 배경도 짐작할 수 있을 것입니다. 스스로 두터운 플랫폼을 갖지 못했고, 임팩트 있는 뉴스를 생산할 취재력이 없다면 현저성을 높이기 위해 기대할 것은 시의성밖에 없습니다. 사람들의 관심을 따라가며 관련된 사실들을 모아서 뉴스로 만들어 낼 뿐입니다. 아무런 알맹이 없는 짜깁기 뉴스는 이렇게 만들어집니다. 우리 언론계 한 구석의 슬픈 단면입니다.

수백 년 전 언론은 어땠을까

왕조 국가이던 조선은 나름대로 권력 균형 장치를 마련했습니다. 왕이 모든 것을 결정할 수 있을 것 같지만, 재상들로 이뤄진 의정부의 심의·의결 과정이 왕권을 견제했습니다. 또한, 사헌부·사간원·홍문관의 삼사가 끊임없이 비리와 부정을 논박했습니다. 이들의 역할이 이러하니 세 기관을 묶어 언론삼사言論三司라 부르기도 했습니다. 바람직한 치도를 둘러싼 논의라는 뜻의 '언론'을 수식어로 둔 것이죠. 현대 저널리즘을 언론이라 일컫는데, 조선 시대 때부터 권력을 견제하는 기구에 언론이라는 말이 붙은 사실이 흥미롭습니다.

삼사 중 사헌부는 관리들의 비행을 감찰하는 기능을 수행했고, 홍문관은 경연이나 자문을 통해 국왕에게 의견을 개진하는 역할을 맡았습니다. 현재의 언론인, 기자들과 가장 유사했던 건 사간원의 언관들입니다. 끊임없이 국왕에게 쓴소리하는 게 이들의 일상적 업무였기 때문입니다.

그러나 절대 왕정 아래서 임금을 노골적으로 비판하는 일이 어디 쉬운 일이었겠습니까. 그 점에서 언관들이 당당한 의기를 유지할 수 있도록 하는 제도와 관례가 중요했습니다. 제도적으로는 언관들에 대한 인사의 독립성을 유지해 주었습니다. 삼사 관리의 임명권을 가진 이조전랑吏曹銓郞은 중죄가 아니면 탄핵받지 않았고, 그 후임에 대한 추천권도 갖추게 됩니다. 또 언관들은 규범에 얽매이지 않는, 오만할 정도의 당당함을 지녔습니다. 최이돈 교수의 글 <사간원 헌납 김조선의 하루>에 따르면, 사간원의 경우 온종일 술을 먹는 곳으로 소문이 나 있었고 금주령이 내려졌을 때조차 음주가 용인되었다 합니다. 술기운을 빌려서라도 위축되지 않겠다는 의지의 발로였을 겁니다.

한편, 역사를 기록했던 사관史官 역시 언론으로서 막중한 역할을 했을 터입니다. 그 사관은, 사초라는 기록물의 열람을 금지함으로써 독립성을 보장해 주었다고 앞서 말씀드렸죠. 그렇다면 누가 어떻게 사관이 되느냐도 중요한 문제인데, 이에 대해 조선 후기 이조판서를 지낸 이수광은 《지봉유설》에서 아래와 같이 설명하네요.

"사관은 반드시 추천으로써 제수하니, 그것을 비천秘薦이라 한다. 옛날 사관을 새로 천거할 때에는 향을 피우고 하늘에 고하는데, 그 맹세하는 끝에 이르기를 '적당하지 않은 사람을 천거한다면 하늘이 그를 죽일 것'이라고 했다. 그 일을 엄중히 여기기 때문이다."

요즘 적당하지 않은 이들이 언론인으로 행세한다면, 그들이 꼭 새겨들어야 할 선조들의 경고입니다.

6

"세월호 기사라면 오히려 발제 말라."

'세월호 참사' 1주기가 다가오는 2015년 봄. 캡으로서 후배 기자들을 지휘하던 저는 '세월호 참사에 애도하는 마음이라면 오히려 관련 기사를 발제하지 말아 달라'고 얘기했습니다. 앞 장에서는 뉴스의 현저성을 높이기 위해 시의성을 살려야 한다고 했고 그러자면 참사와 관련한 뉴스들이 더 눈에 띌 수 있는데, 그러지 말자고 했습니다. 많은 사람에게 뉴스가 전해지는 이익보다는 저널리즘의 가치가 더 중하다고 보았기 때문입니다.

모든 이슈들을 다 빨아들일 메가톤급 사안이 발생하면 뉴스 포털 사이트는 관련 기사로 도배됩니다. 세월호 참사 1주기를 앞두고도 비슷한 분위기였습니다. 2주기, 3주기 때도 여기저기서 세월호를 호출했습니다. 그러다 보니 처음 세월호 희생자들을 애도하고 추모하던 사람들마저 차츰 무덤덤해지고 말았습니다. 이슈에 대한 피로감이 쌓이고 어떤 면에서는 부정적 감정까지 스며들기 시작합니다. 급기야 누군가는 내놓고 '그만 좀 하자'고 얘기합니다. 저는 이 점을 우려했습니다.

2014년 4월, 침몰한 세월호가 더 이상 가라앉지 않도록
선체 내부로 공기를 주입하려 하고 있다. ⓒCBS M&C

　세월호 참사의 희생자와 그 가족들이 미디어의 소재로 소모되지 않기를 바랐습니다. 세월호 참사에 대한 기사들을 발제하는 기자들은 선의였겠지만 결과적으로는 대중 속 이슈 피로도만 높였던 것은 아닌지 돌아봐야 합니다. 결과적으로는 희생자와 가족들에게 별다른 도움이 되지 않고, 오히려 아픔만 가져다주는 꼴이 될 수 있습니다.

　물론 '세월호 참사에 대해 입을 닫자'는 것이 제 주장의 본질이 아닙니다. 참사에 대해 얘기하기 위해서는 새로움을 전제해야 한다는 주장을 하고 싶었습니다. 비단 세월호 참사뿐만 아니라 꼭 필요한 아젠다를 띄우고 싶다면 새로워야 합니다. 새롭지 않은 채로 지구 온난화를 경고하는 것은 이슈 피로도만 높여, 차라리 하지 않음이 옳습니다. 이후, 지구 온난화와 관련해 정말 주목해야 할 기사가 나온다 해도 대중들은 신물이 날 수 있으니까요. 앞장에 이어 저는 뉴스가 마땅히 지녀야 할 '새로움'이라는 가치를 거듭 강조하는 것입니다.

새로움이 특종이나 단독 보도만을 의미하는 것은 아닙니다. 저는 새롭지 않다면 뉴스다운 뉴스가 아니라고 생각하는데, 그렇다면 제대로 된 뉴스는 세 가지 중 하나는 꼭 담아내야 합니다. 새로운 사실 new fact이라면 더할 나위 없고, 새로운 사실이 없다면 새로운 시각 new insight 또는 새로운 형식 new format 중 하나는 있어야 합니다. 먼저 새로운 사실에 관한 보도, 즉 단독 보도는 기자들에게 직업인으로서의 원동력이자 사명입니다.

새로운 사실! 새로운 시각! 새로운 형식!

누군가가 감춘 무언가를 발굴해 대중에게 알린다는 것, 어떠한 사실을 가장 먼저 알고 전한다는 그 짜릿함은 경험해 보지 못한 사람은 알 수 없는 쾌감입니다. 영국의 작가이자 언론인이었던 조지 오웰은 "저널리즘이란 다른 누군가가 활자화하지 않기를 바라는 사실을 활자화하는 행위를 가리킨다. 그 외에는 모두 선전 행위에 불과하다"라고 선언했죠. 그러나 어쩌면 1년에 한두 번 할까 말까 하는 의미 있는 단독 보도만을 기다릴 수 없는 노릇입니다.

그럴 때 노려야 하는 것은 새로운 시각입니다. 사실 단독 보도는 요행이 많이 작용하는 것이 사실입니다. 우연히 듣게 된 얘기나, 누군가의 제보로부터 특종이 나오기도 하거든요. 하지만 새로운 시각을 담은 기사는 기자의 내공이 뒷받침되어야 합니다. 남과 다른 시선으로 세상을 통찰하는 능력은 비단 기자에게만 요구되는 것은 아닙니다. 알랭 드 보통도 작가를 "위대한 예술과는 거리가 있어 보이는 사물들에 열정을 가지는 사람"이라고 정의했을 정도이니까요.

마찬가지 취지인 듯한데, 저는 후배들에게 종종 이런 이야기를 했습니다. 길가에 차이는 돌멩이에도 울산바위만큼의 의미를 담을 줄 알아야 한다고요. 아주 사소한 사건이나 현상도 깊이 들여다보면 단박에는 보이지 않았던 시사점을 발견할 수 있습니다.

대표적인 사례가 2019년 한국기자상을 수상했던 〈서울신문〉의 기획 보도 '간병 살인 154인의 고백'이 아닐까 싶습니다. 환자 한 명으로 인해 온 가족이 힘들어하는 경험을 누가 모르겠습니까. 환자의 고통뿐만 아니라 간병하는 가족의 스트레스로 인해 갈등이 커지기도 하지요. 이 뻔한 현실을 두고 깊이 있는 인터뷰를 통해 생생한 이야기를 담아내면서, 그 해법을 모색하는 보도였습니다. "참된 발견은 새로운 땅을 발견하는 게 아니라 새로운 눈으로 보는 데 있다"는 프랑스 소설가 마르셀 프루스트의 지적을 떠올리게 합니다.

저의 경우 기자 생활을 시작하던 무렵 밀착 취재, 잠입 취재를 몇 번 시도했습니다. 비정규직 노동자의 실태를 깊게 살펴보기 위해 동료 기자들이 실제 각 분야 노동자의 일상을 좇으며 동행 취재했습니다. 화물차 기사나 학습지 교사, 시다(재봉 보조)의 거친 숨소리까지 담아 보려 했고요. 이후엔 근로 조건이 열악한 사업장에 후배 기자들이 각자 위장 취업하도록 해서, 노동 관련 법·규정과 현실 사이의 괴리를 짚어 보기도 했습니다.

'다 그렇지 뭐' 하며 넘겨 버리는 당연함 속에 새로운 의미를 끄집어내고 싶었습니다. 미국의 저널리스트 빌 코바치와 톰 로젠스틸도 《저널리즘의 기본 원칙》에서 "사람들은 그 주제에 신물이 난 것이 아니라 그 주제에 대한 접근법에 싫증을 내는 것"이라고 말한 바 있는데요. 이 역시 새로운 사실 new fact 못지않게 중요한 새로운 시각 new insight 의 필요성을 강조한 것으로 보입니다.

이렇게 새로운 시각을 찾다 보면 새로운 사실까지 포착할 수 있다는 건 덤입니다. 처음부터 단독 보도를 하겠다고 욕심을 내는 것보다 자신의 관심을 바탕으로 사소한 이슈에서 깊이 있는 착안을 하는 과정에서 아직까지 세상에 드러나지 않은 사실들이 눈에 띄곤 합니다. 관건은 눅눅한 현실에서 얼마나 참신한 시각을 갖고 깊숙이 사안을 파고들었느냐 하는 점입니다.

뉴스가 지녀야 할 새로움의 요소 중 마지막은 새로운 형식new format입니다. 새로운 형식으로는 2012년 뉴욕타임스가 내놓은 '스노우폴Snow Fall' 취재물이 여전히 전설로 회자됩니다. 미국 워싱턴주 캐스케이드산맥에서의 눈사태를 보도한 것인데, 각종 모션 그래픽과 비주얼 데이터를 화려하게 접목했습니다. 다큐멘터리 기법으로 재난을 취재하되 시청각적 장치들을 십분 활용해 몰입도를 높였습니다. 2013년 퓰리처상이 뉴욕타임스에 돌아간 것은 당연한 일이었습니다. 이를 준비하며 2009년부터 편집국 아래 '인터랙티브 뉴스팀'을 구성했던 뉴욕타임스는 <NYT 보고서>를 통해 "새로운 실험을 시작하기가 실험을 못 하게 막는 것보다 쉬워야 한다"며 모든 저널리스트들의 각성을 주문했지요.

NYT의 '스노우폴' 취재물 화면 캡쳐

이후 국내에서도 각종 인터랙티브 뉴스 제작 붐이 일었습니다. 신문과 방송을 막론하고 사내에 별도의 팀을 꾸리며 새로운 형식의 뉴스를 만들어 냈고 적지 않은 성과를 내보이기도 했습니다. 반면 '모두가 스노우폴을 추종할 필요는 없다'는 목소리도 이어졌습니다. 독자들의 기대치를 충족하기 위한 디지털 인터랙티브 뉴스 제작에는 적잖은 비용이 들어가는데, 그만큼의 효용이 있느냐는 것이지요. 그보다는 저널리즘 본연의 기능에 충실해야 한다는 취지입니다.

저는 모두 일리 있는 주장이라고 생각합니다. 뉴스 형식의 새로운 도전은 계속되어야 마땅하지만 모든 작품이 블록버스터급으로 생산될 필요는 없다고 봅니다. 새로운 형식이 꼭 돈을 수반해야 하는 문제는 아니기도 하고요. 그런 점에서는 기자도 PD와 같은 기획력을 꾸준히 익혀 나가야 합니다. 그런 점에서 최근 기자들이 정보 전달이나 해설성 콘텐츠 explanatory journalism/explanatory reporting에 새로운 형식을 시도하며 기획력을 발휘하는 것은 긍정적 현상입니다. 뉴스의 수용성을 높이는 것은 기자의 사명일 테니까요.

형식의 새로움을 꾀하는 건 정보 전달이나 해설성 콘텐츠 외에도 모든 저널리즘 영역에서 고민해야 할, 꽤 중요한 문제입니다. 알랭 드 보통은 《뉴스의 시대》에서 이렇게 말했습니다. "정치 뉴스가 따분하다는 대중적 인식은 결코 사소한 문제가 아니다. 뉴스가 프레젠테이션 기술을 통해 대중의 호기심을 불러일으키고 관심을 모으는 데 실패할 때, 사회는 자신의 딜레마를 붙들고 고심하는 일에 위험할 정도로 무능해지고, 따라서 사회를 변화시키고 개선하려는 대중적 의지도 결집될 수 없기 때문이다."

프레젠테이션 기술을 도외시한 뉴스 전달은 대중을 무감각하게 만듭니다. 저널리즘의 생명력을 꺼뜨리는 일과 다를 바 없습니다.

'새로움'의 비효율성, 합당한 평가받아야

이처럼 새로운 사실, 새로운 시각, 새로운 형식은 뉴스의 본령입니다. 이를 잊고 그저 알맹이 없이 알량한 정의감에만 충만해 어떠한 목적을 위해 보도한다면 바람직한 기자의 태도는 아닐 것입니다. 본인은 의미 있는 기사를 썼다는 만족감을 느낄지 모르겠지만 앞서 말씀드린 것처럼 도리어 저널리즘을 해치는 결과를 만들 뿐입니다. 특히 요즘은 취재도 없이 발언만 인용해 나열한다든지 자극적인 제목만 내세우는 기사도 쉽게 볼 수 있어 안타깝습니다. 정치 분야에서는 말꼬투리를 잡아 비꼬는 행태의 보도 gotcha journalism 도 셀 수 없을 정도인데, 저널리즘의 전문성을 깎아내리는 행위에 불과합니다.

그러나 새로움의 추구는 매우 비효율적입니다. 새로운 사실을 발굴하는 일, 새로운 시각을 갖는 일, 새로운 형식을 만들어 내는 일은 많은 기자의 노력과, 긴 시간과, 높은 비용을 요구합니다. 그렇게 하고도 시장에서는 보상받지 못하는 경우가 허다하지요. 정치인의 언쟁 기사, 선정적 사건 기사, 심지어 연예계 가십 기사들이 뉴스 포털을 뒤덮으면서 새로운 무언가 something new 를 추구한 기사는 설 자리를 찾기 어렵습니다.

여기서 독자 여러분들께 꼭 부탁드리고 싶습니다. 양질의 기사를 평가해 주십시오. 내가 보고 있는 기사에서 기자는 무엇을 노력했는지 찾아봐 주십시오. 새로운 사실을 담았는지, 새로운 시각을 제시하는지, 새로운 형식을 도모했는지 체크해 보는 것입니다. 미디어 리터러시 media literacy의 일환이기도 하겠지요. 그리고 그 노력들이 확인되면 기자나 언론사의 구독도 해 주시고 댓글로 응원의 글이라도 남겨 주시면 어떨까요. 격려를 받은 기자는 다시 새로운 것에 도전할 의지를 가질 수 있습니다. 비용을 생각하지 않을 수 없는 언론사 입장에서도 비효율적이지만 더 가치 있는 취재에 무게추를 싣겠고요. 이러한 선순환이 활성화하면 다음 세월호 추모 기간에는 참사를 기억하고 희생자를 위로하는 더 참신한 기사들이 우리를 찾아올 것입니다.

7

80년 광주의 참극, '전두환'을 벗어난다면

2017년, 배우 송강호 주연의 영화 〈택시운전사〉가 인기를 끌면서 자연히 그 실제 인물에 대한 관심이 커졌습니다. 여러 노력 끝에 실제 인물이었던 고故 김사복 씨를 가장 먼저 직접 확인했고, 과거 주변 인물들에 대한 취재와 기록을 바탕으로 김사복으로 상징되는 일반 시민의 의로운 저항을 보도했습니다. 앞서 잠시 언급했듯이 광주민주화운동은 제 인생의 행보를 바꿔 놓은 역사적 사건인데, 그 의미를 조금 더 높일 수 있는 작은 벽돌을 하나 추가했다는 보람이 찾아왔습니다. 그러면서 저는 오래전부터 생각해 온 취재에 착수했습니다. 광주 참사에 대한 실체적 진실 규명입니다.

1988년 국회 광주특위청문회 이후 1995년 광주민주화운동 특별법이 제정되면서 진실 규명 작업은 본격화했습니다. 특히 1995년 특별법 제정에 따라 전두환·노태우가 기소되어 재판이 열리면서 사법적 판단도 내려졌습니다. 또 노무현 정권 때인 2007년 국방부 과거사진상규명위원회가, 문재인 정권 때인 2017년에는 국방부

5·18특별조사위원회가 설치돼 추가적인 진실 규명에 나섰습니다. 그러나 의문은 계속됐습니다. 정확한 사망자 수조차 확정하기 어려운 가운데, 암매장된 추가 희생자 여부, 무엇보다 유혈 참극을 만든 발포 명령자를 두고도 여전히 논란이 이어집니다.

저는 이에 대한 계엄군들의 목소리를 듣고 싶었습니다. 신군부를 이끌던 전두환·노태우를 비롯해 당시 이희성 계엄사령관, 황영시 계엄사 부사령관, 정호용 특전사령관 등 군 수뇌부 말고, 광주 거리에서 총을 들었던, 시민들을 향해 실제 방아쇠를 당겼던 그 계엄군들의 목소리 말입니다. 피해자와 당시 군 수뇌부의 엇갈린 입장은 꾸준히 전해졌는데, 실제 거리의 계엄군 목소리는 그때까지 듣기 어려웠습니다. 역사의 온전한 재구성을 위해서는 이들의 이야기가 필요했습니다. 또 이들을 취재해 가면 묻혔던 비밀 문건이라도 나올 수 있지 않을까, 퍼즐을 맞춰 가며 새로운 실마리라도 나오지 않을까 생각했습니다. 그들의 이야기 끝에 진심 어린 사죄가 나오기를 기대했던 것은 더 말할 나위가 없습니다.

"이 얘기는 김 기자한테 처음 하는 것이요"

지금도 그렇지만, 광주 계엄군을 직접 만나기란 당시에 더욱 쉽지 않았습니다. 어렵사리 수소문한 끝에 한 사람을 만난다 해도 쉽게 속내를 털어놓지 않지요. 전국 각지에 있는 계엄군들을 만나느라 휴일에도 차를 몰고 내려가 취지를 전하며 설득해 나갔습니다. 때로는 저녁 자리를 만들어 막걸리 한 사발, 소주 한 잔을 대접해 가며 말문이 열리기를 기대했습니다. 무턱대고 사과하라는 것이 아니라, 당시 직접 보고 듣고 느낀 이야기를 해달라 청했습니다. 모두를 설득할 수는 없었지만 대략 십수 명의 광주 계엄군들과 솔직하고 깊은 대화를 나눌 수 있었습니다. 누군가는 "이 얘기는 그날 이후 마누라 빼고는 김 기자한테 처음 하는 것이요"라며 고백을 하더군요.

저는 1980년 5월 21일 오후 상황이 가장 궁금했습니다. 영화나 드라마에서 종종 묘사되던 전남도청 앞 발포 상황입니다. 50여 명이 숨진 것으로 알려진 그때, 누가 발포를 명령했을까요? 바로 그 현장에 있었다는 한 공수부대원은 이렇게 말합니다.

"학생 시민들하고 대치하고 있는데, 시민들 쪽에서 화염병 하나가 날아오더라고. 그게 하필 장갑차 아래로 굴러 들어갔어. 근데 장갑차는 기름 탱크가 아래에 있단 말이야. 그래서 그 상황에 차가 터질까 봐 급히 장갑차를 후진했는데, 마침 뒤에서 졸고 있던 부대원 ○○○가 깔린 거야. 그러니까 장갑차에 타고 있던 ○○○(장교)가 눈이 뒤집히면서 기관총을 빠바박 쏘더라고. 그렇게 발포된 거지."

장교가 하늘을 향해 기관총을 쐈는지 시민들을 향해 쐈는지는 분명치 않습니다. 다만, 첨예한 대립 속 팽팽한 긴장감을 깨고 울리던 총성에 다른 총구에서도 연이어 불꽃이 튀었다고 합니다. 저는 당시 인터뷰를 진행하며 과거사진상규명위원회 종합 보고서를 비롯해 공개된 문건들을 함께 대조하고 있었습니다. 1995년 광주 특별법에 따른 수사 결과 등도 위의 설명과 크게 다르지 않았습니다. 그렇다면 다른 질문이 이어집니다. 어떻게 시민과 대치하던 군에 실탄이 보급되고, 현장 군인들에게 발포에 대한 재량권까지 주어질 수 있었을까요? 다음과 같은 공수부대 출신들의 설명을 들을 수 있었습니다.

"광주로 와서 조패면 금방 끝나겠지 생각했어. 그래서 강경 진압을 했는데 그게 안 먹혀들어 간 거야. 과격할 정도로 했는데도…."

"시위대에 우리가 고립되고, 오히려 당할 것 같은 상황이 되니까 실탄을 내달라고 난리가 났어. 부사관들이 장교 멱살을 잡고 쪼인트를 깔 기세로 '우리 죽일 셈이냐' 욕을 하면서 실탄을 내달라는 상황이었어."

그 무렵 군 수뇌부가 '자위적 차원의 제한적 발포'는 용인하는 조치를 취했습니다. 역시, 공개된 문건으로 확인됩니다. 실탄은 장교와 부사관, 그리고 사병에 이르기까지 시간차를 두고 단계적으로 지급되었습니다. 그런 가운데 계엄군과 시민들의 대립과 충돌이 격화되면서 자위적 발포에 관한 수칙('무릎 아래 부위만 조준' 등)은 탁상 위 문서 쪼가리에 불과해졌습니다. 계엄군에 이어 시민들도 총을 들었고 광주는 말 그대로 전쟁터가 됐습니다. 저는 실제 민간인을 조준 사살했음을 고백한 전직 공수부대원도 만났습니다.

"출입 통제된 곳을 차로 돌며 지나는데 100m 정도 떨어진 곳에서 갑자기 차 시동이 걸리는 거야. 민간인 출입이 안 되는 곳에서 시동이 걸리니까 '어, 뭐지?' 하고 있는데 차가 앞으로 가는 거야. 그 상황에서 '이거 나쁜 놈이구나' 생각할 수밖에 없어서, 정조준하고 세 발을 다다닥 당겼어. 맞았지. 차에 탄 남자가 쓰러져 내리더니 이쪽으로 기어 오더라고. 그래서 다시 쐈고. 경험이 많았더라면 생포할 수 있었겠지만, 나도 겁이 나니까 그렇게 한 거지. 젊은 친구인데, 이름도 모르고 아무것도 모르는데…."

1980년 5월 광주의 계엄군(자료사진) ⓒCBS M&C

어쩌면 이들은 '상부로부터 명령이 떨어져 어쩔 수 없이 발포했다'는 얘기로 자신의 책임을 애써 회피할 수 있을 것입니다. 하지만 만나는 이들에게 아무리 물어도 그러한 답은 없었습니다. 질문을 바꿔야 했습니다. '누가 발포 명령을 내렸는가'라는 질문으로는 광주가 온전히 설명되지 않을 것으로 보았습니다. 그보다 더 원점으로 돌아가 '광주는 어떻게 피로 물들기 시작했는가'를 물어야 했습니다. 학살 계획은 1980년 5월 18일 이전에 이미 시작됐을 수도 있기 때문입니다.

광주의 참극, 1980년 5월 18일 이전부터

취재에 응한 계엄군들에 따르면, 처음 공수부대의 틀을 만든 건 월남전 참전 경험자들이었습니다. 실제 전쟁을 겪은 그들 중 일부는 살기 어린 방식으로 부대를 운용했고, 그 관행이 이어졌습니다. 신참 부하들을 길러 낼 때에도 무자비한 구타가 일상이 됐던 시절, 야만적 폭력이 깊이 배인 병영은 가장 강한 군대라는 자부심으로 둔갑되기도 했습니다. 1970년대 후반에 이르러서는 공수부대 자체가 언제 터져도 이상하지 않을 폭탄이 돼 버린 것입니다.

그런 공수부대를, 성난 시민들을 억누르기 위해 경찰 대신 활용할 수 있겠다는 발상은 1979년 생겨났습니다. 박정희 정권이 부마 항쟁을 접할 때입니다. 유신 체제에 대한 불만이 고조되는 가운데 YH 사건과 김영삼 의원직 박탈 사건들이 일어나면서 부산에서 시작된 시위가 마산으로 번져 갔습니다. 이에 맞선 정권은 계엄령을 선포하고 공수부대를 투입해 항쟁의 불길을 단숨에 꺾어 놓았습니다. 뜻밖의 효과를 실감한 정권은 1980년 사북사태 때도 곧바로 부대 투입을 검토할 정도로, 공수부대는 언제든 민간인을 상대로도 꺼내 들기 쉬운 카드가 돼 버렸습니다.

제가 만난 한 계엄군의 표현을 빌자면 '굶주린 들개'와 같아진 채로, 공수부대는 1980년 5월 18일 광주 한복판에 쏟아졌습니다. 정세 판단이 금기였던 군인들은 아무런 정보도 없이 '시민·학생들의 데모질로 무질서 상태가 됐다'는 광주로 투입됐습니다. 투입과 즉시 기선을 제압해 상황을 종료할 줄 알았지만 광주 시민들의 저항은 예상을 뛰어넘었습니다. 당황한 계엄군은 통제 범위를 벗어나 충돌을 일으켰고, 거리에 난무하던 유언비어와 마타도어는 불길에 기름을 끼얹은 격으로 사태를 심화시켰습니다.

그 아비규환의 현장이 눈에 그려지는 듯이, 제 머릿속에서 5·18 광주가 재현되자 이 이야기를 어떻게 전해야 할까 하는 고민이 시작됐습니다. 그때 떠오른 것이 2009년의 용산 참사를 재구성한 영화 《두 개의 문》입니다. 철거민 5명과 경찰 1명이 남일당 건물에서 목숨을 잃은 사건을 두고 영화는 철거민의 시각과 진압 경찰의 시각을 병렬적으로 따라갑니다. 용산 참사의 진짜 원인은 무엇인가를 드러내기 위해서입니다. 진압 경찰과 철거민, 가해자 대 피해자의 구도에 익숙한 관객들은 차츰 양측의 시선을 이해하게 됩니다. 수긍이 아닌 '알게 됨'입니다. 그러면서 남일당 망루 뒤에 놓인 본질을 깨닫게 하려는 것이 감독의 취지였을 것입니다.

2009년 1월 20일, 서울 용산구 남일당 건물 옥상에 설치된 망루가 불타고 있다.
ⓒCBS M&C

저 역시 가해자 서사까지 아우른 광주의 이야기를 해 보자고 마음먹었습니다. 그래야 역사적 서술에 마침표가 찍히겠다 싶었습니다. 마음이야 당장이라도 사과를 받아 냈으면 했지만, '이해'부터 선행되는 게 순서라고 생각했습니다. 이에 대한 조언을 얻으려 〈두 개의 문〉 김일란 감독을 직접 만났는데 대번에 쉽지 않을 것이라 하더군요. 그의 영화는 적지 않은 흥행을 기록했지만 마음고생이 심했다면서, 가해자의 시선이 여전히 누군가에게는 불편을 주고 상처를 주는 탓에 비난도 많이 받았다고 털어놨습니다.

결국 저도 문턱을 넘지 못했습니다. 기자의 발제와 취재 결과를 검증하는 데스킹 과정에서 제 취재 내용은 보도 불가 결정을 받았습니다. 광주항쟁이 '유언비어에 놀아난 일부 폭도들과의 우발적 충돌'이라는 지만원 씨의 주장과 무엇이 다르냐는 지적도 들었고, 왜곡된 해석의 빌미가 될 수 있다는 비판도 제기됐습니다. 몇몇 계엄군의 주장을 토대로 '우발적 충돌이었을 뿐 조직적 살상은 없었다'는 식으로만 읽힌다면 실제 지 씨의 주장에 힘을 실어 주는 셈이 될 것도 같았습니다. 그런 우려를 불식시킬 정도로 기사를 잘 구성해 낼 자신도 없어서 보도는 일단 접기로 했습니다.

하지만 아쉬움은 가라앉지 않습니다. 위에서 설명한 전말을 도외시한 채로 언론이 계속 발포 명령자 색출에 급급하다가는 오히려 전두환 일당에게 면죄부를 주는 꼴과 다를 바 없겠다는 생각이 듭니다. "발포 명령을 내린 바 없다"는 이희성 전 계엄사령관의 발언이나 "(발포에) 절대로 관여하지 않았다"는 정호용 전 특전사령관의 발언(1988년 국회 광주특위 청문회)을 액면 그대로 보면 거짓이 아닐 수 있습니다. 노무현·문재인 정권 당시의 전방위적이고도 적극적이었던 진실 규명 때도 확인된 발포 명령자는 없었음을 다시 상기할 필요가 있습니다.

물론 증거와 증언이 조직적으로 인멸됐을 가능성도 있고, 발포 명령자가 명시된 문서가 미래의 어느 날엔가 발견될 수도 있습니다. 하지만 현재의 우리는 미래의 가정은 차치한 채 이야기할 수밖에 없네요. 또한, 위에서 살펴본 바와 같이 직접적 발포 명령이 없었다 하더라도, 광주 시민들에 대한 유혈 진압은 더 이상 끔찍하고 잔혹할 수 없었으며, 그 직간접적인 책임자들은 처벌과 단죄에서 자유로울 수 없습니다.

빌런 찾기에 골몰하는 대신 질문을 바꿔야

그런데도, 혹시 우리는 전후 맥락을 막론하고 특정 빌런villain 찾기에만 너무 골몰한 것은 아닐까요? 질문을 달리했다면 어땠을까요? 왜 공수부대 안에 야만적 폭력성을 배양시켰는지, 그런 공수부대를 왜 민간인을 상대로 투입시키는 전례가 만들어졌는지, 계엄하 공수부대 투입이면 광주든 어디든 쉽사리 장악할 것이라는 예측을 누가 했는지, 격렬한 저항에 맞닥뜨린 계엄군이 진압 강도를 높일 경우의 불상사는 왜 간과됐는지, 통제 범위를 벗어난 계엄군의 행태는 왜 제지되지 않았는지 등에 대한 답변이 필요합니다. 참사로 인한 역사적 교훈이 그저 '앞으로 전두환 같은 인간만 없으면 돼'로 귀결되는 모습에 아쉬운 마음이 드는 것입니다.

시선을 옮기면 우리는 세월호 침몰 사건 때도, 코로나19 바이러스의 대규모 확산 때도 빌런을 특정하는 데에 애를 썼던 것 같습니다. 특히 미스테리한 요소가 가미된 대상이 더 타깃이 되기 쉬웠던지 전자와 후자 때 각각 '구원파'와 '신천지'라고 하는 기독교를 빙자한 이단 세력들이 대표적 빌런으로 비판을 받았습니다. 물론 이들이 엮은 구조와 행위가 안타까운 사태와 무관하지 않습니다. 그러나 이들을 때리는 동안 놓쳐서는 안 될 점들을 자칫 소홀히 짚은 것은 아니었는지, 혹시나 책임 있는 또 다른 누군가는 사람들 시선 뒤로 숨기 위해 빌런의 타기팅 과정에 적극 부채질했던 것은 아닌지 돌아볼 필요가 있어 보입니다.

2014년 5월, 경찰이 세월호 실소유주 유병언 전 세모그룹 회장을 체포하려 하는 가운데, 구원파 신도들이 현수막을 내걸고 이를 막고 있다. ⓒCBS M&C

미국의 사회철학자 에릭 호퍼는 《맹신자들》에서, 어디서든 빌런을 찾는 사람들의 습성을 두고 "이상적인 신과 마찬가지로, 이상적 악마는 전지전능하며 무소부재한 존재"라고 비꼬은 바 있습니다. 앞장에서 저는 '길가의 돌멩이에도 울산바위만큼의 의미를 담을 줄 알아야 한다'고 했지만, 사안을 지나치게 단순화해 한 가지 관점만 과도하게 부풀리라는 취지는 아니었습니다. 그럼에도 복잡다단한 사안을 몇 사람의 문제나 몇 가지 이슈로 치환하려는 본능이 우리에게 있음을 인정해야 할 것 같습니다.

《팩트풀니스》의 저자 한스 로슬링은 이 본능에 대해 "진실을 찾아내는 능력, 사실에 근거해 세계를 이해하는 능력을 방해한다"고 우려하면서 "비난 대상에 집착하느라 정말 주목해야 할 곳에 주목하지 못한다"고 강조했습니다. 그의 지적은 이렇게 이어집니다.

"한마디로, 개인이나 집단을 문제의 원인으로 지목해 비난할 생각을 버려야 한다. 문제는 거의 항상 그보다 훨씬 복잡하다. 여러 원인이 얽힌 시스템이 문제일 때가 대부분이다. 세계를 정말로 바꾸고 싶다면 누군가의 면상을 갈기겠다는 생각을 버리고, 세계가 어떻게 돌아가는지부터 이해해야 한다."

이와 다른 빌런에 대한 이야기는 다음 장에서 조금 더 이어가 보겠습니다.

8

극적이지 않아 더 끔찍한, 조커의 등장

2018년 10월 14일은 일요일이었습니다. 평온한 휴일이 시작되던 오전 8시쯤, 서울 강서구의 한 PC방에서 다툼이 일어났습니다. 처음엔 여느 PC방에서 언제든 있을 법한 손님과 직원 사이의 말다툼이었습니다. 그러나 이때는 그 정도로 끝나지 않았고, 아르바이트 직원을 상대로 몰아붙이던 손님 김성수는 근처 자기 집으로 달려가 흉기를 찾아들고 다시 PC방으로 뛰어왔습니다. 결국 직원은 그날 처참하게 목숨을 잃었습니다. 가장 평화로워야 할 가을 휴일 아침에 벌어진 끔찍한 사건에 사람들은 혀를 내둘렀습니다. 말다툼으로 끝날 일에 어떻게 흉기를 휘둘렀을까. 당시 심층 취재를 담당하던 제 관심은 그 지점에서 발동이 걸렸습니다.

저는 그때 이미 세 번의 사건 기자 경력을 거치며 유영철, 이학만, 정남규 등이 저지른 수많은 강력 범죄를 취재했던 터였습니다. 그런 제게 김성수의 범행은 몇 가지 점에서 대단히 이례적으로 느껴졌습니다. 그는 ▲ 만취 상태도 아니고 분명한 정신질환 증상이 있지도 않은 채로 ▲ 금전이나 치정, 원한 관계가 없는 이를 상대로 ▲ 범행이 바로 드러나는 열린 공간과 시간대에서 ▲ 잔인하고 참혹한 살인을 저질렀기 때문입니다. 그리고 굳이 도주하려는 노력도 보이지 않았습니다. 그 전모를 파헤치기 위해, 한마디로 그가 왜 말도 안 되는 범행을 저질렀는지를 말과 글로 설명하기 위해 취재에 나섰습니다.

　사건 현장부터 찾았습니다. 4층 높이의 상가 건물 지하에 자리 잡은 PC방입니다. 업종의 특성상 지하에 위치해 있으면서도 바로 앞은 대형 슈퍼였고, 지상 입구와는 에스컬레이터로 바로 연결되는 곳입니다. 처음 그곳을 찾았을 때도 이미 범행 흔적은 치워져 언제 그런 일이 있었냐는 듯이 PC방은 영업이 한창이었습니다. PC방 관계자로부터 숨진 피해자, 그리고 손님으로 종종 왔다는 가해자에 대한 기억을 물었습니다. 가해자 김성수는 그곳 외에 다른 PC방에도 자주 발걸음을 했는데, 전언을 종합하면 그 무렵 대부분의 시간을 집 근처 PC방을 전전하며 보냈던 것으로 보입니다.

'PC방 살인사건'의 범인 김성수 ⓒCBS M&C

평소의 행적을 알기 위해 그가 PC방을 즐겨 찾던 시간대에 맞춰 몇 차례 더 사건 현장을 찾았습니다. 자정이 넘은 한밤중 현장을 찾아 그즈음에 김성수와 마주쳤을 또래들을 탐문하기도 했고요. 김성수가 찍힌 CCTV 화면과 주변 풍문을 종합해 살고 있던 집도 찾아갔습니다. 조심스레 그의 가족들과 접촉하려 한참을 기다렸지만, 그 동생마저 공범 혐의로 수사 선상에 오른 상태여서 만남은 이뤄지지 못했습니다. 김성수를 직접적으로 잘 알고 있다는 취재원을 확보하지 못하면서 마음은 더 조급해졌습니다.

그 시점을 전후해 이 사건과 관련해 제가 닿을 수 있는 모든 영역에서 문을 두드렸던 것 같습니다. 김성수가 인터넷에 남긴 흔적은 물론 그의 가족과 그가 성장 환경에서 접했던 친구와 동료, 이웃까지… '김성수는 왜 이런 범죄를 저질렀을까'에 대한 답을 듣고 싶었습니다. 오기가 차오른 취재 결과 가까스로 몇몇 중요 인물들과 선이 닿았고, 김성수에 대한 이러저러한 얘기를 들을 수 있었습니다. 그 시점 기자로서 가능한 범위 내에서는 취재를 다 했다고 생각합니다. 하지만 끝내 심층 취재를 표방한 보도는 할 수 없었습니다. 아무리 살펴봐도 잔혹한 살인의 '뚜렷한 이유'가 존재하지 않았기 때문입니다.

너무나 밋밋했던, 잔혹 범죄의 배경들

'넉넉하지 않은 가정 환경', '존재감이 없던 학창 시절', '취업과 결혼에서 멀어진 청년기', '사회로부터 고립된 자아', '경제적 격차를 체감케 하는 주거 환경'과 같은 개별적인 배경들은 김성수의 심리 상태를 단편적으로 짐작하게 할 뿐이었습니다. 그 요인들 사이에서 범죄로 이어지는 인과관계를 맞춰 보려 애쓰던 제게 한 경찰이 이런 조언을 하더군요.

"뭘 찾고 싶은지는 알겠는데, 그런 건 없을 수 있어. 요새 시기가 그런 거야. 이 친구는 그냥 그런 것들로 잔뜩 화가 나 있을 뿐이었고, 하필 그때 PC방 아르바이트생과 충돌이 벌어졌던 거야."

그 말이 맞았습니다. 그래서 당혹감을 느꼈습니다. 집요한 취재를 해나가면 성장 과정이든 가정 환경이든, 학교생활이나 사회생활에서 일이 이렇게 될 수밖에 없는 확실한 원인을 꼽을 수 있으리라 기대했습니다. 꼭 취재 때문만은 아니더라도 그래야 안심이 될 것 같았습니다. '아, 그런 이유로 이런 결과가 빚어졌구나'라고 말할 수 있어야 모호한 불안감을 털고 재발 방지책을 논의할 수 있지 않겠습니까.

하지만 김성수와 같은 빌런을 두고도 울산바위만큼의 의미를 싣는 데 실패했습니다. 기자는 아무리 복잡한 사안도 짧은 시간 안에 몇 줄로 정리하는 능력을 키워 나가야 하는데, 그럴 수가 없었습니다. 김성수에게 '분노조절 장애', '충동조절 장애', '수동공격적 성향' 등 어떤 꼬리표를 붙인다 해도 달라질 건 없습니다. 그가 특별한 병에 걸렸거나 대단히 독특한 유형의 인간이 아닌 까닭입니다. 결국 며칠에 걸친 취재 결과는 묵히고 말았습니다.

김성수와 이번 사건처럼, 한 줄로 정리되지 않는 사안들은 저를 불편하게 만듭니다. 저뿐만 아니라 대개 사람들은 명쾌하게 설명되지 않는 지점에 불편함을 느낍니다. 특히 위험하거나 공포스러운 상황에서는 더욱 그러하지요. 《질서 너머》의 저자 조던 피터슨은 "우리 모두가 직면한 문제들을 해결하는 일은 그만큼 어렵고 골치 아프기 때문에 보통의 용기와 의지만으로는 감당하기 어렵다"고 말합니다. 반대로 "문제를 단순하게 축소하고 그 문제를 야기하는 악인을 등장시켜 공격하는 것은 훨씬 쉽고 즉각적인 만족을 준다"는 게 조던 피터슨의 지적이네요. 나름 열심히 취재에 나섰지만 악인 하나를 중심으로 문제를 단순하게 설명할 수 없게 되자 저는 골치 아픈 답답함을 느끼게 됐던 듯합니다.

영화 〈조커〉의 포스터

그렇게 PC방 살인 사건의 취재를 유야무야 끝내고 나서 1년쯤 뒤, 영화 〈조커〉가 개봉하면서 저는 다른 관점을 갖게 됐습니다. 주연 배우 호아킨 피닉스의 열연이 뒷받침하면서 영화를 본 관객들은 외로운 광대가 어떻게 악당으로 새로 태어나는지를 '이해'하게 됩니다. 이로 인해 미국에서는 영화가 악당을 미화했다는 논란이 일어나기도 했지만, 관객들이 영화 속 조커에게 느끼는 감정은 악행에 대한 공감이나 옹호와는 거리가 있습니다. 단지 일이 그렇게 돼버린 상황을 알아 버린 것입니다.

〈조커〉보다 먼저 개봉한 영화 〈배트맨 시리즈〉 속의 '조커'는 태생적 악당처럼 묘사됐습니다. 이 세상의 정의를 파괴하고자 태어난 인물처럼 조커는 사사건건 배트맨에 맞서 악행을 저질렀습니다. 그런데 〈배트맨 시리즈〉의 프리퀄prequel이라 할 수 있는 〈조커〉를 보니 악당 1인에게만 손가락질하고 끝낼 일이 아니었습니다. 조커의 뒤에는 가난한 이들의 절망, 아프고 병든 이들의 소외, 이들을 배척하는 세상에 대한 분노가 도사리고 있어서, 조커 하나를 때려잡는다고 해서 평화가 찾아오지는 않는 까닭입니다.

거악의 출현과 소멸, 단순 명쾌할 수 있을까

가장 당혹스러운 것은, 이러한 영화 속 묘사가 놀라울 정도로 현실과 닮았다는 사실입니다. 영화의 배경이 된 미국뿐만 아니라, 우리나라도, 세상도 그렇습니다. 우리의 실제 삶이 그리 단순하지는 않지요. 한 가지 사실로 귀결된다 해도, 그 결과가 나오기까지는 수많은 복잡한 이유들이 존재할 것입니다. 자신의 행복이나 불행에 대해, 또는 자신의 성공이나 실패에 대해 설명해 보라고 하면 어느 누가 몇 개의 문장으로 답할 수 있을까요. 영화 〈조커〉는 거악의 생성 역시 그러하다는 이야기를 전하고 있는데, 이를 부정할 수 없으니 더 불편하고 더 두려워지는 게 아닐까요?

영화 〈조커〉가 관람객들에게 전하는 메시지는 '세상은 복잡다

단하고 선악마저도 분명하지는 않다'는 불편한 진실입니다. 돌아보니 제가 PC방 살인 사건의 김성수를 취재하며 느낀 바도 마찬가지였습니다. 대충 취재했다면 사회 낙오자가 충동적으로 일으킨 범죄쯤으로 묘사할 수 있겠지만, 자세히 들여다보니 그렇게 기사를 쓸 수는 없었습니다. 범죄로 귀결된 여러 이유를 하나하나 따져보면 너무나 밋밋해서 오히려 더 끔찍했다고 할까요? 예측되거나 통제되지 않는 위험 요인들이 극적으로 드러나지 않으면서, 결과를 대비하기가 더 어려워짐을 깨달은 탓입니다. 그리고 그것이 세상의 본질에 더욱 가깝겠지요.

광주 계엄군에 대한 취재와 PC방 살인 사건에 대한 취재가 잇따라 좌절됐지만, 진짜 세상은 어떠한가에 대한 새로운 깨달음을 얻는 계기는 됐습니다. 또 그 세상 안에서, 세상의 다양한 면을 기록해야 하는 기자의 시각은 어떠해야 할지, 그리고 기자는 어떠한 이야기를 세상에 꺼내 놓아야 할지를 깊이 고민하게 됩니다. 당시 고민에 휩싸여 해법을 찾지 못했던 저는 취재를 접어 버렸고, 영화 〈조커〉의 감독 토드 필립스는 훌륭한 메시지를 세상에 던졌네요.

아직 저의 고민은 끝나지 않았습니다. 기자로서의 경력은 늘어나는데, 시시각각 변하는 언론 환경과 사람들의 기호는 고민을 더욱 무겁게 만들고 있습니다. 우리는 어떠한 이야기를 듣고 싶은 것일까요? 기자는 어떠한 이야기를 전해야 할까요? 언젠가 제가 내공을 키우고 역량을 더 높여 나가 세상에 대한 진짜 이야기를 기록하고 전할 수 있기를 기대합니다. 아울러 조급하지 않게 다양한 측면들을 살필 수 있는 독자들과 함께, 뉴스가 세상의 진정한 창窓이 될 날을 기다려 봅니다.

9

흰 까마귀는 없다고 누가 말할 수 있나

앞선 글을 다 쓴 채로 저는 2024년 12월 3일 화요일을 맞았습니다. 그날 밤 10시 33분 서울 올림픽대로 위를 운전하던 중에 회사 동기인 박재홍 아나운서의 전화를 받았습니다. 다짜고짜 "계엄령이 내려졌어"라는 말에 저는 기계적으로 "무슨 말이야?"라고 물었고, 그는 제 몽매함을 깨우치려 "이제 군대가 출동한다니까!"라고 목소리를 높였습니다. 그제서야 스마트폰을 열어 확인해 본 단체 채팅방은 이미 난리였습니다.

경악스런 현실에 급히 핸들을 꺾어 차를 돌리면서 사회부장으로서 각 팀에 전화로 지시를 내렸습니다. 취재 파트별 정위치시키고 일부 인력은 국회로 보냈습니다. 저도 보도국장에게 바로 회사로 가겠다고 보고한 뒤 '정신 차리자, 정신을 차려 보자' 혼잣말을 되뇌었습니다. 급히 타전되는 소식과는 달리 도로는 너무나 평온했습니다. 이 평온이 과연 언제까지 유지될까 싶었습니다.

과거의 전례를 보면 곧 전방위로 군대가 출동하고, CBS를 비롯한 주요 방송사에는 우선적으로 계엄군이 배치될 것이 틀림없었습니다. 도착도 하기 전에 이미 계엄군이 회사를 봉쇄하고 있으면 어쩌나 걱정됐습니다. 도착한 뒤에 계엄군이 난입하면 어떤 충돌이 벌어질까, 그들에 맞서 나는 어떻게 대응할까, 그리고 이후 어떤 조치가 취해질까 염려가 꼬리에 꼬리를 물었습니다. 언제 다시 가족들을 만날 수 있을까 하는 생각도 들어, 그 와중에 슬픔까지 차오르더군요.

2024년 12월 3일 밤 국회로 들이닥친 계엄군들 ⓒCBS M&C

비상계엄이 선포된 지 얼마 지나지 않아 보도국에 하나둘씩 사람들이 모였습니다. 데스크 전원이 소집됐고, 비상 출동한 내근 요원들도 자리를 잡으면서 기사를 쓰고 특집 방송을 전개했습니다. 사장까지 보도국으로 달려나왔고, 일부 직원들은 사옥 정문 앞에 배치됐습니다. 언제 총을 들고 들이닥칠지 모를 계엄군을 몸으로 막아 보겠다는 심산이었습니다. 현장 기자들은 대통령실이든 각 부처든 '아닌 밤중에 홍두깨 상황'을 빠르고 정확히 파악할 수 있는 곳에 자리를 잡고 취재했습니다. CBS 기자들은 또 봉쇄를 뚫고 어떻게든 국회 안으로 뛰어들어간 뒤 헬리콥터에서 국회 건물로 내달리는 계엄군들, 그리고 총을 쥔 그들과 보좌관·시민들 사이의 일촉즉발 대치 상황 등을 생생히 전달했습니다. 우리는 두려움 속에도 결연했고, 혼란 속에도 냉정함을 유지하려 애썼습니다.

그 어떤 것도 당연하지 않아… 세계관의 변화

사력을 다해 취재하고 보도하는 가운데 국회는 비상계엄 해제 요구안을 준비해 나갔습니다. 회의 정족수 이상의 국회의원들이 본회의장 안으로 안전하게 들어갈 수 있을까, 이미 국회 본청에 들어온 계엄군들이 완력으로 의원들을 끌어내지 않을까, 마치 생사의 기로에 놓인 듯이 현장을 중계했습니다. 다행히 새벽 1시쯤 국회가 비상계엄 해제 요구안을 통과시켰지만, 이후에도 마음을 놓을 수는 없었습니다. 21세기 대한민국에서 계엄령이 선포된 마당인데, 국회의 요구안도 무시하면 그만일 수 있었으니까요. 새벽 4시 27분 대통령이 비상계엄 해제 담화를 한 뒤에도 긴장감은 풀리지 않았습니다. 이어서 아침 방송이 시작되고, 간밤 상황 때 못지않은 뉴스가 요구되면서 하루치 잠을 그대로 날려 버리고 말았네요.

CBS는 비상계엄 선포와 이에 따른 후폭풍을 취재 보도하며 일찌감치 '12·3 내란 사태'라는 표현을 사용했습니다. 이후 이진숙 방송통신위원장은 이 표현이 적절치 않다고 문제 삼았지만, 근거 없는 계엄령 선포와 국회 내 군대 난입만으로도 이를 '내란'으로 규정하기에 충분하다고 보았습니다. 이어진 수사와 재판 과정 등을 통해 당시 윤석열 대통령은 군과 경찰을 동원해 국회의원들을 국회에서 끌어내고, 정치 지도자들을 체포하려 했으며, 선거관리 위원회를 장악하려 했음이 드러났습니다. 부당한 조치에 저항하던 이들 덕분에 인명 피해가 없었으니 다행이지, 윤석열의 행위 자체만 놓고 봐서는 군부 독재의 상징이랄 수 있는 전두환 못지않게 반反헌법적이고 폭력적이었습니다.

결국 그는 권좌에서 끌어내려졌지만, 독재자 윤석열의 망동과 계엄 선포는 저를 포함한 많은 사람의 세계관을 교정해야 할 정도의 충격을 남겼습니다. 사실 김민석, 김병주 의원 등이 사전에 계엄령이 있을 수 있다고 경고할 때만 해도 과격한 주장 정도로 흘려들었거든요. 저뿐만은 아니었을 겁니다. 한참 전인 2006년 10월 김대중 전 대통령도 전남대 특강에서 "이제는 어떤 군부의 사람도, 어떤 독재자도 한국서 민주주의를 안 하고는 못 배긴다"며 "다시 군사 쿠데타 하는 것은 꿈도 못 꾼다"고 단언한 바 있으니까요. 우리 민주주의에 대한 강한 자신감을 피력한 언급이지만, 결과적으로 현실은 달랐습니다.

윤석열이 일으킨 12·3 내란 사태는 '당연하다고 생각되는 그 모든 것들이 결코 당연하지 않다'는 교훈을 제게 주었습니다. 마침표가 찍히기 전까지 모든 결론은 섣부릅니다. 피와 눈물로 이뤄온 민주주의는 불가역적이지 않고, 무소불위無所不爲한 악당이 세상을 뒤흔들 수 있었습니다. 앞서 저는 현재 우리가 사는 세상이 복합적이고 다층적이어서, 도출된 결과의 원인을 소수 몇몇에 돌리는 것은 무리한 일이라 했지만 이마저도 가능하네요. 제 세계관을 전면적으로 뜯어고치기는 어렵지만, 기상천외한 경우의 수마저 쉽사리 배제해서는 안 된다는 반성을 하게 됩니다.

오픈AI의 '소라(SORA)'를 통해 생성한 '흰 까마귀' 이미지

베르나르 베르베르는 책 《상상력 사전》에서 "검은 까마귀 세 마리를 보았다고 해서 모든 까마귀가 다 검다고 말할 수는 없다"며 "흰 까마귀를 찾아내기 전까지는 우리는 모든 까마귀가 검은지 그렇지 않은지 알 수 없다"고 밝혔습니다. 수많은 검은색 까마귀와 한 번도 발견된 적 없는 흰색 까마귀 속에서도, 세상에 흰 까마귀는 없다고 단정하기는 어렵다는 것입니다. 백조白鳥라는 이름을 단박에 거짓으로 만들어 버릴 검은 백조black swan가 호주에서 발견됐을 때의 충격적 깨우침을 12·3 내란 사태 국면에서도 겪는 셈이네요. 이제 아주 미미한 가능성도 염두에 둘 수밖에 없습니다. 특히 사회의 평화와 안전을 지키는 데 있어서는 더욱 그러합니다.

난무하는 '흰 까마귀' 주장들에 음모론 편승 우려

그런데 또 다른 문제는 앞으로 누구든 '흰 까마귀'를 주장할 수 있게 됐다는 데 있습니다. 절대 일어날 수 없을 것 같은 사태가 현실이 되어 TV로 전 국민에게 중계되니, '이럴 수도 있는 것 아니냐', '저럴 수도 있는 것 아니냐'는 주장을 대번에 낭설로 치부할 수 없게 된 것입니다. 당장 비상계엄 선포 열흘 뒤 국회 과학기술정보방송통신위원회에 참고인으로 나온 방송인 김어준 씨는 '한동훈 체포 후 사살', '생화학 테러 전개', '조국·양정철·김어준 체포 후 호송되는 부대 습격, 구출하는 척하다 도주', '북한 군복 매립 뒤 북한 소행으로 발표', '미군 일부 사살 뒤 북한 폭격 유도', '북한산 무인기에 북한산 무기 탑재 사용' 등의 내용을 제보받았다고 밝혔습니다. "사실 관계를 모두 확인한 것은 아니다"라는 전제를 두긴 했지만 큰 파장을 낳았습니다. 이를 두고는 더불어민주당 안에서도 '상당한 허구다', '아니다' 논란이 이어졌습니다.

물론 막연한 '흰 까마귀' 주장의 결정판은, 윤석열 전 대통령이 사로잡혔던 부정 선거 음모론입니다. 자신의 정치적 신념이 틀리지 않다 생각했을 테고 주변에서도 모두 박수를 치며 동의해 주는데, 야당뿐 아니라 언론까지 등을 돌렸죠. 그러자 유튜브에 기대어 광범위한 지지를 확인했다 싶었는데, 여론조사 결과는 이와 달랐습니다. 여론조사 역시 왜곡되어 있다 깎아내리면 그만이지만 총선 결과마저 본인의 인식과 큰 차이를 나타냈습니다. 이때의 인지부조화를 해소하기 위한 카드가 부정 선거론이었던 것입니다.

재미있는 사실은 이보다 먼저 부정 선거론을 꺼내든 건 진보 진영이었다는 점입니다. 2017년 1월 당시 이재명 성남시장은 자신의 SNS에서 박근혜 후보가 승리했던 18대 대선 결과가 "3·15 부정 선거를 능가하는 부정 선거였다"면서 "국가기관의 대대적 선거 개입에 개표 부정까지 (있었다), 많은 국민이 전산 개표 부정 의심을 하고 있고 그 의심을 정당화할 근거들이 드러나고 있다"라고 주장했습니다. 그 직후 김어준 씨 역시 영화 〈더 플랜〉을 제작 개봉하면서, 음모론을 키웠지만 그 주장의 근거들은 하나하나 논박 당했습니다. 김 씨는 이듬해 영화 〈그날, 바다〉를 다시 제작하면서 세월호의 고의 침몰설을 주장하기도 했습니다.

　이처럼 음모론은 진영을 넘나들며 우리 사회의 합리적 판단을 흔들어 놓습니다. 12·3 내란 사태에서 보듯이, 음모론에 빠진 망상은 헌정 체제를 뒤흔들 정도의 폭력성을 낳기도 합니다. 그렇다면 음모론 자체를 경계해야 할 법하지만 극단주의자들이 만들어 내는 솔깃한 이야기에는 끝이 없습니다. 179명의 희생자를 낸 2024년 12월 제주항공 참사는 진보 진영을 공격하는 음모론의 소재로, 30명의 희생자를 낸 2025년 3월 역대 최악의 산불은 보수 진영을 공격하는 음모론의 소재로 각각 악용됐습니다.

　'흰 까마귀는 있다' 주장이 도무지 사그라들지 않는 가운데, 12·3 내란 사태가 자칫 음모론이 뿌리내릴 수 있는 토양을 더욱 넓히지 않을까 염려합니다. '100% 부정할 수 있느냐'는 꼬리표를 단 채로 온갖 허무맹랑한 주장들이 우리의 이성을 마비시키지 않을까 하는 걱정입니다. 그런 만큼 무엇이 진실이고 무엇이 허위인지를 가려내야 하는 언론의 선구안이 더욱 중요해지는 시점입니다. 상식적이고 합리적인 여론 조성을 위해 더욱 분발해야 할 텐데, 비상계엄에 대한 사전 경고를 주목하지 못했던 데 대한 철저한 반성이 우선이라는 점에서는 이론의 여지가 없겠네요.

사실과 진실,
참과 거짓의
뫼비우스 띠

10

기자, 당신의 확신을 의심하라

"김 기자, 이건 진짜 아니야. 정말 아니야. 이러면 안 되는 거 알 잖아."

과거 선거철의 어느 날, 평소 알고 지내던 국회의원 보좌관 한 분이 다급히 전화를 해 왔습니다. 자초지종을 들어보니 정치부 소속의 한 후배 기자가 쓴 단독 기사가 발단이었습니다. 당시 선거를 앞두고 각 당은 후보 공천 작업이 한창이었습니다. 이런 가운데 이미 공천장을 받은 정치인 A씨가 여론조사를 앞두고 금품을 돌렸다는 의혹이 제기됐습니다. 의혹을 접한 경찰은 수사에 나섰고 후배 기자는 그 정황을 담아 단독 기사를 쓴 것입니다. 이에 대해 A씨 측 보좌관이 평소 인연이 있던 제게 전화해 해명하며 해당 기사를 인터넷 지면에서 내려 달라 부탁했습니다.

기사를 쓴 후배 기자를 만나 봤습니다. 선거 때면 으레 등장하는 마타도어일 수도 있다, 뒤늦게 사실이 아닌 것으로 밝혀지면 그 책임은 누가 지겠느냐고 얘기했지만 후배 기자는 문제될 것 없다는 입장을 굽히지 않았습니다. "끝내 어떻게 될지는 모르지만 경찰이 수사에 나선 건 사실이고, 기사는 그 사실을 담고 있잖아요"라는 말에 더 이상 말을 잇지 못했습니다. 저 역시 결과를 확신할 수는 없었으니까요. 결국 A씨는 공천이 취소됐고, 그 공천장을 대신 받은 이는 무난히 당선돼 정계 요직을 차지했습니다.

팩트가 최종 가려진 것은 그로부터 1년쯤 지난 뒤입니다. A씨는 대법원에서 무죄가 확정됐습니다. 경찰 수사가 무리했다는 둥, 애초에 라이벌 관계에 있던 다른 정치인 측의 음모가 있었다는 둥 A씨를 위로하는 말들이 이어졌지만 이미 엎질러진 물이었습니다. 저는 그때 더 적극 나서지 못했다는 자책감을 쉽게 털어내지 못합니다. 그나마 수년 후 재기한 A씨에게 안도하며 그 앞날을 응원했을 뿐입니다.

그런데 시간을 돌려 그때로 다시 돌아간다면 저나 그 후배는 다른 선택을 할 수 있을까요? 정치인에 대한 경찰 수사 상황을 보도한 것은 '팩트'가 아닐까요? 최종 확인된 팩트만 전하라면, 대법원 확정 판결이 나올 때까지 선거를 둘러싸고 제기되는 숱한 의혹들을 못 본 척 묻어 둬야만 할까요? 수사권이 없는 언론은 어떤 부분까지 확인해 보도 여부를 결정해야 할까요?

저나 후배 기자의 판단력을 탓할 수도 있지만 이는 언론의 오래된 고민이자, 정치권의 오래된 전술이기도 합니다. 대표적인 사례가 1950년대 미국 정가에 불어닥친 매카시즘 광풍입니다. 당시 조지프 매카시 상원의원은 꼭 신문 마감 시간 전에 기자회견을 열고 정치적 반대편을 공산주의자로 낙인찍었습니다. 반론을 들을 틈도 없이 유력 정치인의 무게감 있는 발언은 신문에 활자화됐습니다.

물론 실제 공산주의자인지 그렇지 않은지는 훗날에야 가려졌습니다. 대부분은 그렇지 않았고요. 매카시의 발언을 인용해 보도했던 기자들은 사실을 보도했다고 할 수 있을까요?

조지프 매카시

(1908~1957)

팩트 전하는 일, 그리 어려운 이유

많은 독자가 언론을 상대로 '팩트만 전하면 되는데, 그게 그렇게 어렵냐' 타박합니다. 한 국회의원은 가짜 뉴스를 잡겠다며 기자회견을 하는 도중 '가짜 뉴스의 정의와 기준이 무엇이냐'는 질문을 받고 "사실과 가짜가 구분이 안 되느냐?" 힐난하기도 했지만 현실에서 그 구분이 쉽지만은 않습니다. 사실과 진실의 개념이 모호할 수 있고, 팩트에 대한 주관적 판단이 엇갈릴 수 있기 때문입니다.

이 점은 다음 장에서 구체적으로 풀어 보도록 하겠습니다. 그에 앞서 기자들에게는 팩트fact인가 페이크fake인가를 판별하는 것부터가 과제입니다. 의심의 여지 없이 참과 거짓을 가릴 수 있는 사안이라면 문제될 것이 없습니다. 하지만 기자들에게 과제로 주어지는 것들은 깊이 있는 취재를 통해서만 참과 거짓을 가릴 수 있는 사안들이 대부분입니다. 때로는 위의 사례처럼 몇 년이 걸리는 법원의 판단까지 기다려 봐야 합니다.

그렇다고 무조건 법원의 판단만 의지할 수는 없습니다. 지연된 정의正義는 정의가 아니니까요. 이에 따라 기자들은 재빨리 취재하고 그 결과가 의미를 지니는 시한 안에 보도하려 합니다. 이렇게 '신속'과 '정확'이라는 두 마리 토끼를 모두 잡으려다 보면, 실수와 오류의 가능성은 늘 열려 있고 때로는 기자들이 보도에 대해 민·형사상 책임을 져야 하는 상황도 발생합니다. 그렇다면 기자들이 취재와 보도에 소극적일 수밖에 없지만, 다행히 우리 법은 언론의 자유가 위축되지 않도록 각 개념을 정의하는 등 기준을 설정해 놓았습니다.

대한민국 헌법

제 21조　① 모든 국민은 언론·출판의 자유와 집회·결사의 자유를 가진다.

② 언론·출판에 대한 허가나 검열과 집회·결사에 대한 허가는 인정되지 아니한다.

③ 통신·방송의 시설기준과 신문의 기능을 보장하기 위하여 필요한 사항은 법률로 정한다.

---

④ 언론·출판은 타인의 명예나 권리 또는 공중도덕이나 사회윤리를 침해하여서는 아니된다. 언론·출판이 타인의 명예나 권리를 침해한 때에는 피해자는 이에 대한 피해의 배상을 청구할 수 있다.

먼저 팩트가 완전하면서도 확실하게 가려지기 전임에도 뉴스가 생산될 수 있는 것은, 언론의 자유를 포괄적으로 담은 우리 헌법 21조 덕입니다. ①항은 "모든 국민은 언론·출판의 자유와 집회·결사의 자유를 가진다"고 명시했습니다. 그런데 같은 21조의 ④항은 "언론·출판이 타인의 명예나 권리를 침해한 때에는 피해자는 이에 대한 피해의 배상을 청구할 수 있다"고 규정했습니다. 권력 감시 기능으로서의 언론은 불가피하게 누군가의 명예를 침해할 수밖에 없는데, 이 모순은 어떻게 정리할 수 있을까요?

이는 형법을 따르면 됩니다. 형법 307조는 허위 사실뿐만 아니라 사실 적시에 의한 명예훼손도 처벌하도록 했지만, 이어지는 310조에서는 이에 대한 위법성 조각(법은 위반했지만 죄를 물을 수 없음) 사유를 제시했습니다. '사실을 적시해 명예를 훼손한 행위가 진실한 사실로서, 오로지 공공의 이익에 관한 때에는 처벌하지 아니한다'고 돼 있습니다. 공익을 추구하는 언론의 행위로 인한 명예훼손은 처벌하지 않는다는 것이지요. 단, '진실한 사실'이라는 전제가 있습니다. 진실한 사실은 어떻게 규정할 수 있을까요? 뉴스가 종국적 결과만을 다루지 않는데 말입니다.

이는 판례를 살펴봐야 합니다. 현재까지 유지되는 판례에 따르면 진실한 사실은 '내용 전체의 취지를 살펴볼 때 중요한 부분이 객관적 사실과 합치되는 사실이라는 의미로서 세부에 있어 진실과 약간 차이가 나거나 다소 과정된 표현이 있더라도 무방하다'(대법원 2002도3570 판결)고 정의돼 있습니다. 또한, '진실한 사실이 아닌 경우에도 적어도 행위자가 그 사실을 진실한 것으로 믿었고, 또 그렇게 믿을 만한 상당한 이유가 있는 때에는 위법성이 조각된다'는 판례(대법원 2006도2074 판결)도 있습니다.

요컨대, 기자가 오로지 공공의 이익을 목적으로 꼼꼼히 취재하여 알아낸 정보가 객관적 사실에 합치되고 진실이라고 믿을 만한 충분한 이유가 있다면 우리는 그것을 팩트라 불러도 무방할 것 같습니다. 위의 기준에 맞춰 보도한다면 일부 오류가 있고 명예훼손의 요소가 있다 하더라도 언론사와 기자들은 책임을 면할 수 있습니다. 다만, 최근 들어 법원은 언론 자유의 중요성 못지않게 애꿎은 피해자의 구제를 강조하고 있어, 위 기준에 부합하기 위한 기자들의 노력은 과거보다 더 경주돼야 하는 상황입니다.

취재한 바를 스스로 의심하라

이런 경향성 아래에서 중요도가 한껏 높아지는 건 회의적 기사 검토 skeptical editing입니다. 데스킹 과정은 물론이고, 개별 기자도 자신이 취재한 바를 스스로 항상 의심해 봐야 합니다. 특히 단독 보도일 경우 더욱 그렇습니다. 중요한 사실을 홀로 최초 보도한다는 흥분에 빠져 다른 가능성을 소홀히 취급할 수 있습니다. 고대 그리스의 역사학자 투키디데스는 '사건들의 사실에 관한 기록에서 나는 절대로 처음 듣는 이야기는 쓰지 않는다는 것을 원칙으로 했다'

고 하는데, 요즘의 언론도 명심해야 할 격언입니다.

예를 들어 2022년 '윤석열 대통령과 한동훈 법무장관 등의 청담동 술자리 의혹 제기' 보도와 같은 사례는 매우 무책임합니다. 대통령과 법무장관이 김앤장 소속의 변호사들을 다수 대동해 고급 카페에서 술자리를 가졌다는 의혹을 인터넷 언론매체와 함께 야당 국회의원이 제기했지만, 사실이 아닌 것으로 밝혀졌습니다. 한 첼리스트가 그저 남자친구를 속이려 한 거짓말에 불과한 것을, 언론과 정치권까지 나서 사실인 양 증폭시켰습니다. 범상치 않은 주장에는 범상치 않은 증거가 요구되지만, 첼리스트의 거짓말 녹취 파일 외에는 그 어떤 것도 제시하지 못했습니다. 이 정도면 애초에 보도의 목적이 공공의 이익을 위함이었는지 특정인에 대한 비방에 급급했던 것인지 충분히 의심받을 만합니다.

보도에 공익이 아닌 다른 노림수가 있다면 그 노림수를 지지하는 요인 외에 다른 요인들은 아예 검토 대상에서도 배제될 가능성이 커집니다. 1999년 미국의 심리학자 대니얼 사이먼스와 크리스토퍼 차브리스는 실험을 통해 사람들이 특정 부분에 집중하다 보면 다른 부분에는 엉뚱하리만치 주의를 기울이지 않는다는 사실을 증명했습니다. 팀 대항 농구 경기 중 공의 패스 횟수를 세어 보라는 지시를 내린 뒤 경기장에 고릴라를 등장시켰는데, 실험자는 지시만 이행하느라 고릴라가 등장한지도 몰랐다는 것입니다. 집중하는 것만 보려 하는 '선택적 주의'는 단지 시각적 부주의만 뜻함은 아닐 것입니다. 대니얼 사이먼스 교수 등은 위 실험 결과를 제목으로 붙인 책《보이지 않는 고릴라》에서 "사람들은 자신이 중요한 원인을 찾았다고 강하게 확신한 나머지 더 이치에 맞는 다른 설명이 있을 수 있다는 사실을 인식하지 못한다"고 꼬집었으니까요.

'보이지 않는 고릴라' 실험 영상 (출처: invisiblegorilla.com 화면 캡쳐)

　많은 인지 심리학자의 연구에 따르면 사람들의 인식은 편향돼 있고, 판단은 비합리적입니다. 더 큰 문제는 사람들 스스로 이러한 한계를 제대로 알지 못하고 받아들이지 않으려 한다는 점입니다. 개인의 판단은 그럴 수 있습니다. 그러나 사회에 정보를 전달하는 기자의 판단은 그래서는 안 됩니다. 겸손한 자세로 팩트를 수집 하되, 참과 거짓을 분별할 때도 스스로 확신하는 바를 의심해 봐 야 합니다. 그러한 판단의 과정에서 조금이라도 더 합리성을 높이 려면 지난 역사의 교훈을 충분히 이해하고 현 세상의 흐름을 정확 히 짚어 내는 안목을 지녀야 하겠지요.

인지 편향의 다양한 형태들

앞서 말씀드린 대로 일반적인 사람들은 다양한 인지 편향에 갇혀 있습니다. 몇 가지 형태를 소개해 보면 다음과 같습니다.

○ 확증 편향: 자신의 신념이나 판단에 부합하는 정보만 수용하려 하고, 그렇지 않은 정보는 무시하려는 경향성. 자신이 틀렸다는 것을 인정하지 않으려 하기 때문에 아무리 과학적이고 개관적인 증거를 내보여도 신념에 반하는 것이라면 믿지 않으려 합니다. 한발 더 나아가 누군가 자신의 신념과 반대 방향으로 설득할 때 반발심리가 커지면서 기존의 편견이 더욱 강화되는 모습도 보이는데, 이는 역화 효과라 합니다.

○ 노출 효과: 특정 정보가 자주 노출될수록 그 정보에 대한 호감도와 신뢰도가 높아지는 효과. 처음에는 긴가민가한 정보라 하더라도 접하는 횟수가 많아질수록 빠져들기 십상입니다. 노이즈 마케팅도 노출 효과를 노린 전략입니다.

○ 사후 확신 편향: 이미 일어난 사건의 결과를 두고, 자신은 이미 진작부터 이를 예견했다고 믿는 경향성. '자칭 전문가'들에게서 종종 찾아볼 수 있습니다.

○ 자기 고양 편향: 성공적 사례를 두고는 자신의 공으로 돌리고, 실패한 사례를 두고는 다른 구성원들의 탓으로 돌리려는 경향성.

○ 원인 착각: 실제로는 그렇지 않은데도 사건과 사건이 인과관계로 연결돼 있을 것이라고 믿는 경향성. 인과관계가 아니라 상관관계에 놓인 사건들이나 단순히 시간의 선후관계에 놓인 사건들을 두고도 원인에 따른 결과로 해석하려 하지요.

이 외에 라쇼몽 현상이나 집단 동조 현상 등은 이어질 내용에서 설명해 보겠습니다. 이러한 인지 편향을 언급하면 많은 사람은 '맞아 맞아' 하면서 공감하지만, 대개 자신이 아닌 상대방에게서 그 오류를 떠올리곤 하지요. 그러나 정작 우리 자신은 인지 편향에 빠져 있지 않을까요? 인지 편향에 갇혀 있으면서도 스스로 이를 깨닫지 못하는 현상은 '맹점 편향'이라고 말합니다.

11

진晉나라 영공靈公은 누가 죽였나?

　　기원전 620년, 중국 춘추시대 때의 나라 진晉은 영공靈公이라는 임금이 다스렸습니다. 영공의 포악함은 이를 데 없었습니다. 성 안에 화원을 만든 뒤 이를 구경하는 백성들을 화살을 쏘아 죽이기도 했고, 사나운 개를 곁에 두고 누군가 잘못을 하면 물리게 하여 죽이는 일도 서슴지 않았습니다. 이를 보다 못한 재상 조돈이 간언하자 영공은 자객을 시켜 조돈을 암살하도록 했습니다. 명을 받은 자객이었지만 조돈의 인품에 탄복해 오히려 스스로 목숨을 끊었고, 조돈은 이어진 영공의 탄압을 피해 망명길에 나섰습니다. 조돈의 조카 조천이라는 자가 이 소식을 듣고는 조돈더러 잠시 숨어 지내라 한 뒤 정변을 일으켰고, 결국 영공을 죽이고 새 왕을 옹립하는 데 성공합니다.

　　이 역사의 기록을 두고 잠시 문제를 내봅니다. 진나라 영공을 죽인 것은 누구일까요? 너무나 뻔한 답인가요? 이야기를 이어가겠습니다.

사관 동호(董狐) (출처: 바이두백과)

나라의 혼란이 수습되고 조정에 복귀한 조돈은 어느 날 영공이 죽임을 당했을 때의 역사가 어떻게 쓰였는지 궁금해 사관 동호 董狐 에게 청해 기록을 보다 깜짝 놀랐습니다. 조천이 아니라 조돈이 임금을 죽였다고 적혔기 때문입니다. 조돈이 발끈하여 이에 항의하자 동호는 이렇게 답했습니다.

"재상(조돈)이 아직 국내에 있을 때 변이 일어났고, 조정에 복귀하고도 임금을 죽인 이를 처벌하지 않았으니 재상이 군주를 죽인 것과 마찬가지 아닙니까?"

이 이야기에서 동호직필董狐直筆이라는 고사성어가 비롯됐습니다. 동호가 흔들리지 않고 그대로 적었다는 뜻이지요. 춘추필법春秋筆法과 함께 언론의 사명처럼 언급되는 표현입니다. 우리가 아는 팩트와 부합하나요? 앞선 장에서는 참과 거짓을 분별하는 어려움을 설명했다면 이번에는 사건에 대한 해석의 문제를 다뤄 보려는 것입니다.

혹시 전 세계 그리스도인들이 암송하는 신앙 고백문, 사도신경을 아십니까? 다음과 같은 내용을 담고 있습니다.

"전능하사 천지를 만드신 하나님 아버지를 내가 믿사오며, 그 외아들 우리 주 예수 그리스도를 믿사오니, 이는 성령으로 잉태하사 동정녀 마리아에게 나시고, '본디오 빌라도'에게 고난을 받아 십자가에 못 박혀 죽으시고⋯."

그런데 예수 그리스도를 죽음으로 내몰았던 것은 누구였을까요? 은화 30냥을 받고 예수를 배신한 것은 가룟 유다였으며, 예수에게 십자가형을 요구한 것은 유대 제사장들이었습니다. 오히려 로마 총독이었던 본디오 빌라도는 죄수 한 사람을 방면할 수 있는 명절을 맞아 예수를 놓아 주려고도 했지만, 유대인들의 원성에 밀려 마지못해 십자가형을 집행하게 됩니다. 그럼에도 그리스도인들은 여전히 본디오 빌라도를 저주하듯 탓하고 있습니다. 막강한 권한을 가졌던 만큼 엄중한 책임을 물을 수밖에 없다는 입장인 셈입니다.

라쇼몽 현상 – "자기 얘기는 윤색하기 마련"

같은 사안을 놓고도 서로 다른 관점을 지닐 수 있음은 1950년 일본에서 개봉한 영화 〈라쇼몽 羅生門〉에서 생생히 나타납니다. 플롯을 간단히 말하자면, 숲속 길을 지나던 한 사무라이와 그의 아내가 산적과 마주칩니다. 나쁜 마음이 든 산적은 사무라이를 속여 포박하고, 그의 아내를 겁탈합니다. 이후 이곳을 지나던 나무꾼은 칼에 찔려 숨진 사무라이를 발견해 관청에 신고합니다. 결국 산적은 체포됐으며, 행방이 묘연했던 사무라이의 아내까지 관청에 불려와 심문이 열립니다.

영화 〈라쇼몽〉 포스터

문제는 이 사건에 대한 등장인물들의 설명이 모두 다르다는 점입니다. 산적은 겁탈 사실까지는 인정하지만 이후 사무라이의 아내가 남편과 산적 둘 중 한 사람을 죽어야 한다며 싸움을 부추겼고 정정당당히 사투를 벌인 끝에 사무라이를 죽였다고 말합니다. 부인은 자신이 겁탈당하고 산적이 달아나자 남편인 사무라이가 경멸스러운 표정으로 노려보았고, 차라리 죽여 달라 실랑이를 하다 정신이 들자 남편이 칼에 찔려 있었다고 말합니다. 빙의된 무녀의 입을 통해 증언에 나선 사무라이는 겁탈당한 아내가 산적에게 남편을 죽이자고 했고, 그 모습을 괘씸히 여긴 산적이 오히려 자신을 풀어 주자 자괴감에 스스로 목숨을 끊었다고 말합니다. 사건 전말을 목격했던 나무꾼마저 객관적 사실을 증언하기보다 자신의 입장에서 이야기를 하면서, 관객들은 도무지 무엇이 어떻게 진행됐는지 알 수 없는 미궁에 빠지고 맙니다.

이들은 대놓고 거짓말을 한 것일까요? 영화를 만든 구로사와 아키라 감독은 "인간은 자신에 대해 정직해질 수 없고, 자기 자신을 얘기할 때면 언제나 윤색하기 마련"이라면서 "영화는 자신을 실제보다 더 나은 사람으로 보이도록 거짓말하지 않고는 못 배기는 인간을 그리고 있다"라고 밝혔습니다. 이렇게 뼈를 때리는 지적에서 자유로운 사람이 있을까요? 누구나 객관적 현상을 자신의 관점으로 해석해 윤색하며 전하려는 습성이 있음을 부인하기 어려울 것입니다. 이를 '라쇼몽 현상'이라 일컫습니다.

그럼에도 불구하고 객관적 사실과 다른 거짓들을 솎아 내고 나면 남은 팩트는 존재할 것 아니냐는 미련을 버리기 어렵습니다. 흔들리지 않을 팩트의 엄중함을 아는 언론계는 더욱 그러합니다. 이에 따라 '팩트체크' 유행이 번지기도 했습니다. 1988년 미국 대선에서 처음 등장한 팩트체크는 정보의 과잉 속에 가짜 뉴스를 가려내자는 취지로 전 세계에 확산됐습니다. 우리나라에서도 각 언론사별로 전담팀까지 마련하며 팩트체크에 열을 올렸습니다. 그러다 보니 오히려 가짜 뉴스를 띄우는 진풍경도 펼쳐집니다. 온라인 기사에 붙은 댓글 하나까지 포착해 '가짜 뉴스' 낙인을 찍어 게시했는데, 이러한 형태의 팩트체크가 없었다면 가뭇없이 사라졌을 뜬소문까지 도리어 주목받곤 했습니다.

한발 더 나아가, 같은 사안을 두고 한쪽 언론사는 '진실'로, 다른 한쪽 언론사는 '거짓'으로 팩트체크를 한다면 어떨까요? 실제로 문재인·홍준표·안철수 후보가 맞붙었던 19대 대선 당시, 서울대 언론정보연구소와 언론사 16곳이 함께 만든 SNU 팩트체크 안에서 서로 다른 언론이 교차 검증한 22개 사안 중 언론사들의 판단이 일치하지 않는 경우가 12건이나 됐습니다. 이를 테면 TV 토론회에서 문재인 후보가 "국민연금 소득대체율 인상이 합의된 것"이라고 말한 데 대해 한국일보는 '사실'로, 조선일보는 '거짓'으로 판정하는 식입니다. 팩트체크라는 장르마저도 주관적 해석의 한계를 벗어나지 못하는 현실입니다.

사실 뉴스의 객관성 역사는 그리 오래되지 않습니다. 1840년대 미국에 뉴스 통신사라는 조직이 마련되면서 객관적인 뉴스가 가치를 얻기 시작합니다. 뉴스 통신사는 각 신문사에 뉴스 소재를 제공하는 도매상인데, 사실에 근거한 담백한 뉴스 소재를 제공해야 더 많은 신문사를 고객으로 확보할 수 있었기 때문입니다. 각 신문사는 이를 바탕으로 각자의 주관적 해석을 곁들인 뉴스를 전했습니다. 그 이전에는 아무리 '사실'을 전한다 해도 주관적 해석이 상당한 분량을 차지했을 테지만 누구도 문제삼지 않았을 겁니다. 18세기 진경산수화眞景山水畵 화풍을 창시한 겸재 정선마저 자신의 감흥에 따라 대상을 더 웅장하거나 더 왜소하게 그렸지만, 누구도 '그게 무슨 진경眞景이냐' 비난하지 않는 것과 마찬가지입니다.

뉴스가 지니는 객관성의 가치는 최근 들어 다시 힘을 잃어 가는 모습입니다. 1992년 미국의 극작가 스티브 테쉬흐가 "실제 일어난 일보다 개인적 신념이나 감정이 여론 형성에 더 큰 영향을 미친다"고 주장한 이래 포스트트루스post-truth라는 개념이 우리 사회를 압도하기 때문입니다. 이제는 탈脫진실이 보편화하면서 사람들이 기대고 의지하고 싶은 것은 팩트도 진실도 아닌 신념이 아닐까 하는 생각마저 듭니다. 의혹 제기에 이은 수사, 그리고 수년간의 재판을 통해 대법원에서 확정된 사실마저도 믿고 싶지 않으면 그만이니 말입니다. 미국의 사회심리학자 레온 페스팅거는 그의 책《예언이 끝났을 때》에서 "신념이 있는 인간은 바꾸기 어렵다"라고 단언한 뒤 "반론을 제기하면 그는 회피한다. 사실과 수치를 들이대면 출처를 의심한다. 논리적으로 접근하면 요점을 파악하지 못한다"라고 개탄하기도 했지요.

"어디에도 정답은 없다"

책《포스트트루스》를 쓴 철학자 리 매킨타이어는 "어디에도 '정답'은 없으며 각자의 '이야기'만 존재할 뿐"이라고 현재를 진단했습니다. 이어 "절대적 진리, 객관적 진리가 철학에서 만들어 낸 허구라고 생각하는 순간 유일한 대안은 '관점주의perspectivism'밖에 남지 않는다"면서 "관점주의란 세계가 존재하는 방식에 객관적인 정답은 존재하지 않으며 오히려 보는 관점에 따라 세상이 다양한 방식으로 존재한다는 생각"이라고 설명했습니다.

관점주의의 원류라고 할 수 있는 프리드리히 니체의 언급도 빼놓을 수 없습니다. 그는 '관점에 따라 대상은 다르게 인식되며 전체를 아우르는 초월적 관점은 없다'고 주장했습니다. 니체가 '허무주의'로 번역되는 '니힐리즘' 사상가인 까닭에 객관적 팩트란 존재할 수 없는가 하는 허무함도 느껴집니다. 그러나 중요한 것은 관점주의의 한계 속에 가능한 한 객관을 지향하는 자세 아닐까요? 세상엔 다양한 관점들이 존재하는 가운데 나의 시각도 하나의 관점에 불과할 수 있다는 겸손, 그러면서도 다양한 관점들을 종합해 객관에 다가가려는 노력이 중요하다고 봅니다. 팩트를 취재하는 기자의 자세가 바로 그러해야 할 것이고요.

가능하기는 할까요? 이에 대한 답은 '어디에도 정답은 없다'고 안타까워했던 리 매킨타이어가 제시합니다. 그는 다른 연구팀의 연구 결과를 빌어 "신념이 아무리 확고한 사람이라고 할지라도 사실 증거에 따라 신념을 수정할 가능성이 아예 없는 것은 아니다"라고 말합니다. 또 "믿음에 반하는 증거에 지속적으로 노출되다 보면 결국 티핑포인트tipping-point에 이르러 신념을 바꿀 수 있다"고 강조합니다. 기자는 관점주의자들의 신념까지도 바꿔낼 수 있는 증거를 꺼내 놓아야 하는 사람이라고 봅니다. 다만, 티핑포인트에 이를 데까지 버틸 수 있는 의지와 인내가 함께 따라 줘야 하겠지요.

12

밖으로 손가락질하는 사일로 속 우리

작고한 아버지는 알츠하이머라는 병을 앓았습니다. 가족들은 처음엔 '왜 이러지?' 하는 의아함을 갖다가, 이상한 행동들이 계속되면서 화도 냈다가, 그리고는 시간이 흘러 어느 정도 현실을 받아들이게 됩니다. 정확히는 체념이지요. 하지만 환자와 간병인 관계가 아닌 가족인 까닭에, 더 나아질 수 없나 하는 미련은 또다시 답답함으로 스며들곤 했습니다. 바로 1분 전의 일을 기억하지 못하고, 몇 가지 똑같은 말만 반복하는 아버지를 보면 '왜 이러실까?' 하는 말이 저도 모르게 나왔습니다.

그런 아버지의 눈은 천진하게 맑기만 했습니다. 가족들의 안쓰러운 눈빛에도 아랑곳하지 않고 당신이 하고 싶은 말만 이어갔습니다. 본인의 병을 인지하지 못하기 때문인데, 이 점이 다른 질병과의 가장 큰 차이입니다. 소통이 막힌 아버지를 보며 애처로운 마음이 크다가도 한편으로는 자신의 객관적 상황을 모른다는 것이 꼭 나쁜 것만은 아니라는 생각도 들었습니다. 환자가 자신의 병을 인지했을 때 고통이 더 크게 느껴지기도 하니까요. 끝내는 아버지가 아무리 엉뚱한 말을 해도 일부러 교정하지 않고 그러려니 넘겼습니다.

그런데 이러한 모습이 꼭 알츠하이머 환자에게만 나타날까요? 10장에서 짚어 보았듯이 사람들은 다양한 인지 편향을 지니고 있습니다. 앞서 인용한 《보이지 않는 고릴라》의 저자 크리스토퍼 차브리스와 대니얼 사이먼스는 "기억 속에서 가끔 한 사건이 다른 하나로 이동한다든지, 시간이 이쪽에서 저쪽으로 이동하기도 한다"며 기억의 왜곡이 특수한 현상이 아님도 강조했습니다. 정도의 문제일 뿐 누구에게나 조금씩 이런 모습이 있다는 것입니다.

간혹 정도가 심한 이들도 있습니다. 병의 진단을 받지는 않았어도 객관적 현실을 외면한 채 소통을 닫고, 자신의 생각 안에만 매몰돼 있는 이들을 만나는 일이 그리 드물지는 않지요? 그 모습을 보다 보면 사람의 습성과 병의 경계가 모호하게 느껴집니다. 실제로 정신의학자인 필리프 슈테르처는 자신의 저서 《제정신이라는 착각》에서 "신경과학적 시각에서 보면 망상과 '정신적' 확신에는 근본적 차이가 없다"라고 말했습니다. "현상학적 측면뿐만 아니라 신경 메커니즘 차원에서 망상과 '보통의' 확신에 명백한 경계가 존재하지 않는다"는 설명입니다.

"망상과 확신 사이엔 경계가 없다"

망상에 가까운 확신에 빠져 자신의 주장을 굽히지 않는 사람들에게는 '정신 차리라' 얘기해 봐야 '당신이나 정신 차리라'는 답이 돌아올 뿐입니다. 자신의 병리적 증상을 자각할 수 없으니 주변의 누군가가 이를 바로잡기에는 한계가 있지요. 더욱이, 비슷한 생각을 가진 사람들만 가까이 한다면 홀로 있음만 못한 결과로 빠져들 가능성이 높습니다. 남의 주장에 자기 의견을 일치시키거나 보조를 맞추려는 집단 동조 현상이 강화되는 경향입니다.

집단 동조 현상이 짙게 베인 곳은 일종의 '게이티드 커뮤니티 gated community'입니다. 생각이 다른 사람들과는 아예 담을 쌓아 버리는, 빗장 걸린 공동체이지요. 대표적인 사례가 이단 종교입니다. 사회적 물의를 빚는 여러 이단 종교들의 활동들을 보면 일반인들 입장에서는 도무지 이해가 되지 않습니다. 한 개인을 신이라 칭하며 갖고 있는 모든 것을 바치는 이들이 정상일 수 없습니다. 그러나 이단 종교 내부에 있는 신도들에게는 자신들의 모습이 지극히 합리적이고, 그 담장 너머의 사람들이 안쓰럽게 느껴질 뿐입니다.

이들은 우리 사회 구석에 숨어 있는 소수의 비정상적 사람들일까요? 《미디어, 종교로 상상하다》라는 책을 쓴 서울여대 박진규 교수는 "종교적 언어의 꾐에 빠져 직간접적 피해를 본 이들은 특별한 사람들이 아니었다"면서 "인간이면 누구나 취약할 수밖에 없는 육체적 질병, 물질적 결핍, 관계의 갈망, 정서적 혼돈 등으로 염려하고 고통스러워하는 평범한 이들"이라고 진단했습니다.

이러한 현상을 두고 언론인이자 사상가였던 리영희 선생은 일찍이 '무한경쟁 시대와 정보화와 인간'이라는 글을 통해 "모여서 조직화된 집단적 존재로서의 인간들은 개인의 이성과는 동떨어진 비이성적 사고와 행동을 한다"고 일갈하기도 했네요. 21세기 인류가 자랑해 마지않는 '집단지성'이라는 표현이 무색해지는 대목입니다.

자기 생각 안에 매몰돼 다른 것에는 아예 눈과 귀를 막고 사는 건 이제 몇몇 사람, 몇몇 집단에 국한하지 않고 광범위한 현상이 된 듯합니다. 요즘의 뉴스 소비 행태를 보면 어느 누구도 이러한 병리 현상에서 완전히 자유롭지는 않아 보입니다. 인터넷이 보편화하기 전까지 뉴스라는 상품은 몇몇 언론사의 전유물이었습니다. 이후 인터넷을 기반으로 한 다양한 매체들이 쏟아지고, TV 채널들이 늘어나며, 블로거와 유튜버들도 각자의 방식으로 정보를 전달하면서 소비자들은 이제 과잉 생산된 뉴스 속에 허우적거리는 상황입니다.

그러자 인터넷 포털은 뉴스를 큐레이션 하는 기능을 강화했습니다. 정치 사회 경제 등의 섹션별로 각 언론사의 뉴스를 모아보기 할 수 있게 했고, '가장 많이 본 뉴스', '실시간 검색어 순위' 등을 배치해 다른 사람들의 관심을 한눈에 읽을 수 있도록 했습니다. 신문의 1면에서 마지막 지면까지 차근차근 다양한 기사들을 섭렵하던 독자들, "시청자 여러분 안녕하십니까?"에서 "시청해 주셔서 감사합니다." 사이 30여 개 TV 뉴스 리포트들을 지켜보던 시청자들은 더 이상 찾아보기 어렵습니다. 자기 관심 분야의 뉴스, 그리고 남들이 많이 본 뉴스만 소비하고 있습니다.

지금은 여기에서 한발 더 나아가 자신과 견해가 일치하는 뉴스만 소비합니다. 알고리즘 탓입니다. 로그인 한 뒤 이용하는 포털 사이트나 유튜브, 각종 SNS는 이용자의 관심과 기호, 정치적 성향까지 분석하여 그가 관심을 갖고 좋아할 만한 뉴스들을 알아서 추천해 줍니다. 그렇지 않은 뉴스들은 이용자에게 전달될 길이 없으니, 그는 자신만의 세계관 안에 갇혀 그 밖을 볼 수 없게 됩니다. 이를 '뉴스 사일로'라고 합니다. 높다란 원통형 곡식 저장고 silo를 빗대어 마음에 드는 뉴스만으로 외부와 벽을 친 상황을 칭합니다.

사일로의 모습(좌측)과 사일로 안에서 위를 올려다본 모습(우측)

12·3 내란 사태로 수사와 탄핵 심판 속에 관저 안 고립무원 처지가 됐던 윤석열 전 대통령조차 맘 편히 기댈 언덕이 있었습니다. 바로 유튜브입니다. 그는 2025년 1월 1일 지지자들에게 보낸 새해 인사 메시지에서 "실시간 생중계 유튜브를 통해 여러분께서 애쓰시는 모습을 보고 있다", "우리 더 힘을 내자!"고 밝혔습니다. 체포 직전 자신을 찾은 주변인들에게는 "레거시 미디어는 너무 편향돼 있기 때문에 유튜브를 보라"고 조언했다 하지요. 진보 보수를 가리지 않고 도하 언론이 등을 돌리자 입맛에 맞는 유튜브를 유일한 '진실의 창'으로 여긴 것입니다. 유튜브를 매개로 한 지지자 결속은 실제 효과가 있어서, 당시 거의 모든 기존 언론의 비판 속에서도 30% 이상의 지지율을 이내 되찾았습니다.

알고리즘이 쌓아올린 사일로 속 세계관

보고 싶은 것만 보고 믿고 싶은 것만 믿는 세태의 배경엔, 격동적으로 달려온 한국의 최근 정치사가 있습니다. 치열한 정쟁을 이어간 한국의 진보 세력과 보수 세력이 서로 권력을 빼앗고 빼앗기면서 이른바 '한恨의 정치'를 키웠습니다. 전직 대통령의 사망, 탄핵과 구속을 겪으며 정치권은 상대 진영을 용서할 수 없는 적으로 돌려 버렸죠. 각자는 정의를 외쳤지만 실상은 상대편의 궤멸이 궁극의 목표가 되기도 했습니다. 《우리 이렇게 살자》를 쓴 언론인 변상욱은 '정의가 세상을 구할 것처럼 보이지만, 종종 정의는 복수를 뒤에 감춘 변장술일 때가 많다'고 지적했습니다.

한의 정치가 한창인 각 진영에서 무게를 싣는 건 '누가 더 큰 한을 품고 있는가, 누가 더 잔혹하게 상대를 벨 수 있는가' 하는 점입니다. 각 진영은, 그리고 각 정치인은 세력을 확장하기 위해 적개심을 의도적으로 확장해 가며 대중을 자극하기 마련이고, 그 능력이 선거에서 각 정당의 공천이라도 받을 자격이 되고 말았습니다. 절충과 토론이 들어설 중간 지대는 더욱 사라졌고 각각의 사일로만 강고해지는 결과로만 이어졌습니다.

이제 사람들은 내 편 아니면 상대 편, 내가 동의할 수 있는 주장 아니면 동의할 수 없는 주장으로 나누는 데 익숙합니다. 한스 로슬링은 《팩트풀니스》에서 "인간에게는 이분법적 사고를 추구하는 강력하고 극적인 본능이 있는 것 같다"면서 "어떤 대상을 뚜렷이 구별되는 두 집단으로 나누려는 본능인데, 두 집단 사이에 존재하는 것이라고는 실체 없는 간극뿐"이라고 밝혔습니다. 지금 우리도 이러한 비판에서 자유로울 수 있을까요? 이분법적 틀 안에서 내가 속한 진영의 뉴스 사일로 속에서만 살며 다른 정보의 유입은 아예 막아 버리는 모습은 낯설지 않습니다. 물론 '귀를 열고 살자' 하면

'바로 당신이 들어야 할 소리'라고 되받아칠 테고요.

토론의 상대가 아닌 파멸의 대상으로 보면 무슨 대화가 오갈 수 있겠습니까. 서로 다른 뉴스 사일로 안에 있는 사람들 사이에 접점을 찾기란 전혀 다른 언어로 삿대질하는 외국인들 사이에 화해를 도모하는 일만큼이나 어렵습니다. 우리 사회를 뒤흔든 이른바 '조국(전 법무장관) 사태' 때에도 한편에서는 '표창장 문제 하나로 어떻게 멸문지화를 일으키느냐' 비판했고, 다른 한편에서는 '공정의 가치를 망가뜨리고도 전혀 반성할 줄 모른다'고 힐난했습니다. 양극단 사이에는 세심하게 짚어 봐야 할 대목들이 많지만 서로 다른 세계관 속의 두 편은 대화를 시작할 수조차 없었습니다.

여기에 높고 두터운 뉴스 사일로까지 구축됐으니, 그 안의 사람들에게 '합리적 다수의 생각은 다르다'고 말해 봐야 의미가 없습니다. 이들의 눈과 귀에는 그 세계관의 부합하는 정보들만 선택적으로 노출되는 까닭입니다. 이를 다원적 무지 이론으로 설명할 수 있는데, 어떤 이슈에 대한 소수의 의견을 다수의 의견이라고 잘못 인식하거나 반대로 다수의 의견을 소수의 의견으로 잘못 인식하는 현상을 말하지요. 객관적 여론조사 결과를 들이밀어도 사일로 속의 사람들은 조작 의혹만 키울 것입니다. 심지어는 합법적 투표 결과를 두고도 윤석열 측은 선거 조작이 있었다며 12·3 내란 사태를 일으켰으니까요. 또 윤 전 대통령이 구속되자 그 지지자들은 법원에 난입해 폭동을 벌일 정도로, 사일로는 맹신자들의 폭력성을 키우는 공간으로 작용합니다.

폭력 키우는 뉴스 사일로, 붕괴 우려도

뉴스 사일로 속 무리들은 너무나 굳고 딱딱해 보이지만, 쉽게 변질되고 붕괴될 가능성도 큽니다. 《88만 원 세대》의 저자 우석훈과 박권일은 다양성을 상실한 시스템을 전염병에 취약한 집단 사육형 축사에 빗대며 "모든 개체군이 동일한 행위 패턴을 가지고 있을 때에 그 시스템은 극도로 불안해지고, 비록 높은 생산성을 올리고 있더라도 변화에 취약해서 단 하나의 외부 조건의 변화만으로도 생태계가 붕괴하게 된다"고 지적했습니다. 돌이켜보면 극단적 종교 집단이나 정치 집단의 말로가 이러했습니다. 그 과정에 사회적 혼란이 수반되었고요.

존 로크

(1632~1704)

사실 이러한 인식의 편향은 어제오늘의 문제도 아니고, 이를 극복하기 위한 방법도 새로울 것은 없어 보입니다. 17세기를 살았던 존 로크도 "사고를 멈추는 가장 확실한 방법은 한 가지 분야의 책만 읽고, 한 가지 분야에서 일하는 사람들하고만 대화하는 것이다"라고 꼬집었습니다. 익숙하지 않고 불편해도, 생각에 숨이 깃들어 있기 위해서는 견해가 다른 이들과의 끊임없는 소통이 필수라는 이야기입니다. 다른 누군가를 향한 이야기가 아니라, 똑같이 각자 인식하지 못하는 사일로 속에 갇혀 있을 저와 여러분을 위한 조언입니다.

어울려 지내던 사람들마저 등 돌리게 하는 뉴스 사일로 세상을 보면, 정쟁에 몰두한 정치권도 개탄스럽고 그러한 알고리즘 체계를 만들어 낸 뉴스 포털에도 깊은 낭패감을 느끼게 됐습니다. 언젠가 포털 사이트 책임자를 만나 '알고리즘 기반의 뉴스라는 게 결국 어떤 세상을 만들었는지 아느냐' 묻자 '이렇게 될 줄은 몰랐다'는 무책임한 답을 내놓아 아연실색하기도 했네요. 그러나 어디 정치권이나 포털, 유튜브 등의 책임뿐이겠습니까. 이제는 더 큰 반성을 해야 할 언론의 문제도 짚어 보겠습니다.

13

'알고리즘 세상' 언론의 새 기능, 위안과 동조

"정확하고 공정한 보도를 통해 시민의 올바른 판단과 의사소통을 도우며, 다양한 가치와 의견을 균형 있게 대변함으로써 사회 통합을 위해 노력한다."

한국기자협회의 〈언론윤리헌장〉 서문에 나오는 한 대목입니다. 언론의 사회 통합 기능입니다. 언론의 당연한 사명으로 받아들여졌고, 이에 따라 균형감은 언론의 중요한 덕목이었습니다. 물론 이는 기계적 중립을 의미하는 것은 아닙니다. 각 개인의 양식과 올바른 역사관을 바탕으로 옳은 것은 옳다고, 그른 것은 그르다고 지적할 수 있어야 합니다. 다만, 편협한 주관에 빠지지 않도록 '다양한 가치와 의견을 균형 있게 대변'하라는 게 언론윤리헌장의 취지입니다.

그러나 올바름이나 정의, 공정의 의미는 갈수록 파편화하네요. 기자가 양식과 역사관을 바탕으로 옳고 그름을 가린다지만, 또 다른 기자는 그 판단에 전혀 동의할 수 없을 것입니다. 누구나 '기자

정신'을 말하지만 각기 다른 기자정신들이 충돌하는 현실입니다. 그렇다고 온전히 치우침 없는 뉴스를 지향한다면 이 역시 대중의 비판에서 자유로울 수 없습니다. 서로 다른 인식의 사일로 안에 있는 이들에게 '순한 맛' 뉴스는 성에 차지 않습니다. 균형을 잃지 않으면서도 포폄褒貶하기란 사람들의 기대와 달리 쉽지 않습니다.

언젠가 어떤 사안을 취재하는 도중 '드러난 결과를 두고, 사람들의 분노를 일으키는 한 가지 원인으로만 몰아갈 수는 없지 않나' 생각이 들어 난감했던 적이 있습니다. 다른 동료 기자에게 그런 고민을 털어놓으니 '그렇게 따지면 무슨 기사를 쓸 수 있느냐'는 핀잔이 돌아오더군요. 언론 입문 때부터 'KISS Keep It Simple & Short' 원칙을 품고 사는 기자들은, 이처럼 실체의 복잡성을 드러내기보다 대중의 관심을 반영한 몇 가지 이슈로 실체를 좁히고 간략화하는 일에 익숙합니다.

그렇다면 대중은 어떨까요? 19세기 당시의 민주주의 정치 체제를 분석했던 알렉시스 드 토크빌은 《미국의 민주주의》 책에서 "일반 국민들에게는 이런 따위를 탐구할 시간도 돈도 없다. 그들은 어떤 문제에 두드러진 양상을 수박 겉핥기식으로 살펴보고는 성급하게 결론을 내린다"고 밝혔습니다. 그때보다 민주주의가 훨씬 무르익은 것 같은 지금의 시각으로 보면 어떤가요? 19세기 미국에 국한한 평가일까요, 지금도 유효할까요? 알렉시스 드 토크빌은 또 "여기에는 온갖 협잡꾼들이 국민의 비위를 맞출 수 있다"고 덧붙였습니다. 온갖 협잡꾼 안에 언론이 포함돼 있지는 않을까 하는 염려를 떨치기 어렵습니다.

국민들 비위 맞출 협잡꾼… 언론도?

사실 언론은 저마다의 이유로 화가 난 사람들의 성급한 바람을 잘 알고 있습니다. 대중의 분노를 쏟아낼 빌런을 찾고, 없으면 만들어서라도 그 빌런을 파멸시키는 이야기를 기다리는 것이죠. 《맹신자들》의 저자 에릭 호퍼는 자기 안의 불만족도 이런 식으로 다독이는 사람들의 습성을 꼬집었는데, "우리 안의 죄의식을 잠재우는 가장 효과적인 방법은 자신과 타인에게 우리가 죄를 저지른 대상이 실로 사악한 말종이어서 어떤 벌을 받아도 싸며, 나아가 박멸당해도 마땅한 존재임을 설득하는 것"이라고 말했습니다. 언론은 이에 따라 빌런을 키운 뒤 정의가 바로잡혀 가는 듯 기사를 쓰면서 독자들의 심리적 만족감을 높이려 합니다. 어떠한 악행이 저질러졌는데, 발단은 무엇이었고, 마침내 원인이 된 빌런을 제거하거나 응징함으로써 선을 구현했다는 이야기가 딱 어울립니다.

때때로 분노의 방향은 엇갈립니다. 우리에게는 네 편과 내 편을 나누는 이분법적 사고의 경향이 있으니까요. 이럴 때는 세상에 두 개의 빌런이 만들어집니다. 각 진영은 현재 파국적 상황의 원인을 상대 진영 빌런에게 돌리며 돌팔매를 하는데, 언론은 가장 최일선에서 확성기 볼륨을 높입니다. 그 확성기에서는 '저 사악한 말종은 박멸당해도 마땅하다'는 목소리가 나가겠지요. 현실에서 중요한 것은 차분히 정리되는 사실과 진실이 아니라, 각 진영과 각자의 분노에 생명력을 더해 주는 자극적 메시지입니다. 리 매킨타이어는 "트럼프가 자신의 책 《거래의 기술》에서 서술한 내용 중 단 하나의 진실이 있다면 그건 바로 미디어가 진실보다 논란을 더 좋아한다는 점이다"라고 말했는데, 우리나라에서도 이를 쉽게 부인할 수 있는 언론인은 많지 않을 것입니다.

결국 언론의 사회 통합 기능은 갈수록 옅어지고 뉴스는 '사람들 비위에 맞춰' 그들이 듣고 싶은 이야기들을 담아 내는 요즘입니다. 편이 나뉜 사람들 사이에 분노를 일으키고 그들의 화에 맞장구치면서 갈등을 더욱 부채질하는 모습이 속상합니다만, 이미 이것은 언론의 새로운 기능이 돼 버린 것 같습니다. 말하자면 언론의 '위안 동조 慰安 同調' 기능입니다. 사람들은 그런 언론이 생산하는 뉴스를 소비하며 '그렇지? 내가 화낼 만하지?' 하며 심리적 만족감을 얻는 것이죠.

언론이 성급하게 빌런을 상정해 난타하다가 짐작했던 결과가 쉽사리 나오지 않아도 상관없습니다. 비가 내리기를 바라는 기우제를 지내다 한참의 시간이 지나 언젠가 비가 내리면 '기도의 결과다' 주장하는 인디언 기우제처럼, 언젠가는 거악의 실체가 드러날 것이라고 희망을 주면 그뿐이기 때문입니다. 수많은 의혹 제기와 수사, 재판을 통해서도 기대했던 결과가 끝내 도출되지 않으면 어떻게 될까요? '진실을 은폐하려는 빌런의 힘이 너무도 강했다' 하면 그만입니다. 이렇게 별다른 부담은 없이 울고 싶은 사람 뺨을 때려 주는, 언론의 위안 동조 기능이니 활성화되지 않을 수 없지요.

근거 없는 의혹 제기와 주장은 법적 책임을 지지 않느냐고요? 무책임한 보도를 엄히 다스리는 법의 필요성에 대해서는 갑론을박이 있지만, 현재까지는 기자나 언론사가 휘청할 정도의 책임을 지지는 않고 있네요. 반대로 그 위험을 상쇄하고도 남을 이익이 돌아오기도 합니다. 최근 언론의 새로운 수익 모델로 주목받는 '구독 후원' 방식 때문입니다.

'위안·동조' 저널리즘의 위험한 유혹

위안 동조 기능을 십분 활용하는 언론사는 흔쾌히 지갑을 열어 주는 구독·후원자들의 기대를 담은 뉴스를 생산합니다. 섣부른 의혹 제기이든, 일방의 주장이든 구독·후원자들이 듣고 싶은 이야기라면 뉴스로 둔갑됩니다. 무리한 보도로 책임을 져야 하는 상황이라면 '탄압받고 있는 우리 언론에 힘을 실어 달라' 요구하지요. 일반적인 광고나 협찬 영업에 한계가 있는 유튜브 기반 언론이라면 이러한 경향은 더욱 짙을 수 있습니다. 그런 곳에 돈까지 퍼주는 이들이 얼마나 될까 싶지만, 구독 후원 기반 매체의 영업 전략도 발전합니다. 특히나 많은 것을 잃은 이들이 오히려 영업의 대상이 되곤 합니다. 마치 "좌절한 사람은 행운아가 쇠락하고 고결한 자가 망신당하는 것을 볼 때 깊은 안도감을 느낀다"는 에릭 호퍼의 말을 아는 듯이, 이러한 습성을 자극하는 콘텐츠를 뉴스처럼 팔아 다수의 푼돈을 가로채는 유튜버들도 심심치 않게 찾아볼 수 있습니다.

최근 뜨거운 취재 현장에는 항상 유튜버들이 빼곡하다. ⓒCBS M&C

반대로 논란을 가라앉히고 차분히 사실 관계를 정리하는 뉴스에는 돈은커녕 관심도 몰리지 않을 것입니다. 팩트체크라는 뉴스 형태가 지속적으로 주목받지 못하는 것은 팩트체크의 속성이 이슈의 유발과 확전보다 진정과 해소에 가깝기 때문은 아닐까 싶습니다.

언론이 위안 동조 기능을 수행하는 또 다른 이유는 지배적 영향력을 행사하기 위함도 있습니다. 철저히 분리된 진영 안에서 '우리는 확실히 당신들 편이다' 외쳐야 상대 진영을 흔들 수 있는 제보들을 연이어 확보할 수 있습니다. 과거와 달리 유의미한 정보가 엄중히 통제되지 않고 개인과 개인 사이에 유출되고 거래되는 상황에, 이러한 정보(첩보나 제보)의 확보 수준이 언론의 영향력 지표가 되고 있습니다. 정보를 쥔 사람 입장에서는 확실한 내 편에게 이를 전해 주고 싶겠지요. 이를 손에 든 언론은 여론을 쥐락펴락하며 우쭐할 테고, 또다시 진영이 듣고 싶은 메시지를 생산해 나갈 것입니다.

'시민의 올바른 판단과 의사소통을 돕는, 다양한 가치와 의견을 균형 있게 대변하는' 언론의 사회 통합 기능이 쇠하고 위안 동조의 기능이 성할 수밖에 없는 이유들입니다. 하지만 새로운 수익 모델을 확보할 수 있다고, 제보 확보에 유리하다고 위안 동조의 기능을 강화하기에는 선뜻 마음이 내키지 않습니다. 자칫 객관과 중립, 사실과 진실의 가치는 모두 날아가고 언론과 기자의 행위가 정파적 '정보 팔이'로 전락할까 염려되기 때문입니다. 또한, 언론은 사람들이 듣고 싶은 이야기뿐만 아니라 사람들이 꼭 들어야 할 이야기를 전해야 한다는 사명도 지니고 있고요.

무엇보다 각자 하고 싶은 이야기, 듣고 싶은 이야기 속에 파묻혀 생각이 다른 이와는 대화조차 시도하지 않는 세상이 될까 두렵습니다. 크고 작은 사일로로 파편화된 세상 속에서 우리 아이들이 살아간다면 그보다 더 끔찍한 일이 있을까요? 12·3 내란 사태 당시 윤석열 대통령이 유튜브 속 사일로 세계관에 갇혔음이 드러났을 때, 같은 세계관을 공유한 유튜버들의 매개로 그 지지자들이 거리로 뛰쳐나오고 법원까지 짓밟는 모습은 미디어의 위안과 동조 기능이 얼마나 위험할 수 있는가를 잘 보여 줍니다. 이를 두고 미국의 뉴욕타임스 NYT는 2025년 1월 4일 '공포와 음모론이 한국의 정치적 위기를 부추긴 방식'이라는 제목의 기사를 올리며, "뿌리 깊은 정치적 양극화 속에서 유튜버들은 혼란을 부추겨 열성적 신봉자들을 거리로 내보냈다"고 비판했습니다. 한국 사회에서 파시즘이 생성된 원인 중 하나를 유튜브에서 찾았습니다.

앞서 무책임한 기술 발달과 정치권의 격한 정쟁이 세상을 찢어놓고 있다고 지적했는데, 그 악순환의 볼텍스 vortex에 기성 언론까지 가세해서는 안 될 것입니다. 독일의 법학자이자 정치학자로, 2차 세계대전의 나치 전범이기도 한 카를 슈미트는 "정치는 적과 동지를 구분하는 것"이라고 스스럼없이 말했습니다. 그러한 정치 행위에 언론이 절대로 동참해서는 안 된다는 생각입니다.

카를 슈미트

(1888~1985)

저널리즘의 올바른 위안·동조 기능이란

그런데 언론의 위안 동조 기능은 일찍부터 전혀 다른 곳에서 찾아볼 수 있었습니다. 간혹 TV 뉴스에서 연휴나 휴일 저녁이면 평온한 하루를 스케치하는 듯한 리포트를 보셨을 겁니다. 명절을 맞아 고향을 찾는 시민들의 표정이나 유원지 등에서 휴식을 취한 시민들의 모습을 담고 있는데, 새로운 사실이나 유의미한 정보를 담고 있지는 않아 뉴스로서의 가치는 떨어지죠. 하지만 때마다 어김없이 뉴스로 소화하는 것은 시청자들에게 주는 효능감이 적진 않은 이유 때문입니다. 시청자들은 '맞아, 오늘 그렇게 하루를 보냈지' 하며, 미디어가 자신의 경험과 느낌을 공감해 줬다는 사실에 만족감을 느끼게 됩니다.

이즈음 이른바 '손석희 현상'에 대한 서울여대 박진규 교수의 분석이 머리를 스칩니다. 박 교수가 쓴《미디어, 종교로 상상하다》책의 한 대목입니다.

"손석희 현상을 찬찬히 들여다보면 속보성, 정확한 정보 전달, 비판 기능 등 저널리즘 고유 기능에 대한 환호가 아니었다. 사람들이 손석희에 반응했던 순간들은 형식적으로 느껴지지 않았던 사과, 인터뷰 중 (세월호 피해자) 구조 가능성이 높지 않다는 전문가의 말에 얼마간 말을 잇지 못하던 장면, 학부모와 인터뷰 중 추가 사망자가 발견됐다는 자막이 나오자 '자막은 올리지 마시구요'라던 즉흥적 주문, 매시간 감상적인 언어로 표현하는 오프닝과 클로징 등이었다."

뭐라 말로 표현할 수도 없는 시청자들의 마음을 앵커는 다 안다는 듯 어루만져 주었습니다. 진정한 위안과 동조란 비위를 맞추거나 분노만을 자극하는 것이 아니라 더 깊은 속을 다독여 주는 것임을 깨닫게 됩니다. 그런 의미에서의 위안 동조 기능이라면, 언론에 탑재돼 안착되는 편이 나쁠 게 없겠지요.

이해와 소통의
폭 넓히는
커뮤니케이션

14

진심을 다해 말하라. 단, 비스듬하게

　지금껏 강조해 온 것은 누구라도 팩트를 가리는 데 한계가 있고, 관점주의나 사일로 세계관 안에서 자유로울 수 없다는 점입니다. 기자도 예외는 아니지요. 그런데 기자의 경우 '다 그렇지 뭐' 하며 쉽게 넘어갈 수가 없습니다. 기자의 기사를 보고는 수많은 사람이 팩트인 양 받아들일 가능성이 높은 탓입니다. 그 위험을 최소화하기 위해 언론은 장치를 마련해 뒀습니다. 바로 데스킹desking 절차입니다.

　각 언론사 상황에 따라 다르지만 팀장이든 부장이든 데스크이든 권한을 가진 누군가가, 기자가 쓴 기사를 승인하는 절차를 데스킹이라고 합니다. 기자는 취재한 내용을 바탕으로 기사를 작성하여 스스로 퇴고한 뒤 기사를 넘기는데, 이를 송고라고 합니다. 송고된 기사를 바탕으로 데스킹이 이뤄지면 이후 편집 과정을 거쳐 독자에게 전달되는데, 이를 출고라고 합니다. 데스킹은 송고를 출고로 이어갈 것인지 여부를 판단하는 과정입니다.

데스킹에 임하는 책임자는 사소한 오탈자를 가려내는 일부터 논리적이지 않은 문맥을 바로잡는 일, 사실 관계가 다른 부분을 체크하는 일, 기사의 제목을 수정하는 일 등을 맡습니다. 최종적으로는 수정해서라도 내보낼 만한 기사인지 그렇지 않은 기사인지를 판단해야 합니다. 기자가 땀흘려 작성한 기사를 출고하지 않을 수 있는 권한을 지니는데, 그것은 기사에 대한 책임을 지기 때문입니다. 일반적으로 기사에 문제가 있을 경우, 회사를 대신해 기사에 승인을 해 준 이가 민·형사상 대응을 맡게 됩니다.

그 책임만큼의 권한을 행사한다는 측면도 있지만, 데스킹은 자칫 편협할 수 있는 기자의 세계관을 체크한다는 차원에서 반드시 필요합니다. 기자는 자신이 사일로에 갇혀 있을 수 있다는 가능성을 늘 염두에 두고 데스크와 소통해야 합니다. 이를 이해한다면 오히려 더 적극적으로 데스크에 부탁을 해야 하겠지요. 세상에 던져져 잘못된 파문을 일으키기 전에 미리 한번 봐 달라는 취지로 말입니다. 제 선배 한 분은 직위상 데스킹이 필요 없는 위치에서 기사를 쓰기도 했지만, 그럴 때에도 꼭 후배에게 검토를 맡겼습니다. 초고를 쓴 본인 눈에 보이지 않는 오류를 다른 사람은 찾아낼 수 있는 까닭입니다.

이런 구조를 정확히 이해한다면 데스킹 책임자는 기자가 취재한 결과를 어떻게 하면 취지를 잘 살려 오해 없도록 전달할 수 있을까에 주안점을 두고 기사를 검토해야 합니다. 빨간 펜을 들고 후배 기자를 다그치듯 사소한 잘못 하나하나를 다 찍찍 그어 버리는 태도와는 달라야 하겠지요. 기자의 취재와 보도 행위에 걸림돌이 아니라 종합적 관점의 필터링이라는 본래의 취지를 잊어서는 안 됩니다.

기자와 데스크 간 불가피한 충돌

그럼에도 불구하고 때때로 충돌은 불가피합니다. 개인의 주관과 외부의 객관이 처음 만나는 지점에 어찌 견해차가 없겠습니까. 또 때로는 데스킹 책임자가 부당하게 기사에 손을 대려 할 수도 있고, 안팎의 외압으로 기사가 사라질 여지도 없지 않습니다. 다만 그러한 경우에도 기자보다는 데스킹 책임자의 권한을 더 인정할 수밖에 없는 건 기사에 대한 책임도 그에게 있기 때문입니다. 결국 기자가 부당함을 느낄 때 우선 할 수 있는 것은 최선을 다해 데스크를 설득하는 일입니다.

과거 저 역시 그러한 상황에 처해 보았습니다. 발품을 팔아 모기관 수장의 비리 의혹을 알아냈는데, 하필 그 기관과 저희 회사가 정책적 제휴를 도모하고 있었습니다. 그 사정을 모르지 않아서 나름 정교하게 기사를 쓴다고 썼는데, 아니나 다를까 부장이 난색을 표했습니다. 대놓고 쓰지 말라고는 못하고 '사실 관계가 확실하냐', '일방의 주장 아니냐'와 같은 질문을 이어가며 기사의 승인을 미루기만 했습니다. 의혹의 제기이니 100% 팩트임을 담보할 수는 없지만, 넉넉히 의혹을 제기할 수 있을 정도로 취재는 끝낸 터였는데도 말입니다. 저를 믿고 제보를 해 준 이의 사정도 있어 더는 출고를 미룰 수 없어서, 저는 부장을 찾아갔습니다.

"부장님. 저는 부장님의 상황을 짐작할 수 있을 것 같습니다. 기사가 나갔다가는 그쪽 기관과의 협력이 틀어질 수 있다는 염려를 저도 합니다. 더구나 회사 입장을 고려해야 하는 부장님은 더 어려움이 있을 줄로 압니다. 그런데 저 역시 사내 기자협회 총무 역할까지 하고 있어서, 취재한 바가 고스란히 사라지면 이에 대한 설명을 하고 절차를 밟아야 할 책임이 있어 난감합니다."

대강 이렇게 말했던 것 같습니다. 상대방의 입장을 알지만, 나의 입장도 이해해 달라는 요청을 먼저 한 것입니다. CBS의 경우 기사에 관한 부당한 외압이 있을 때 사내 기자협회 또는 노동조합 차원의 대응이 가능한데, 마침 제가 기자협회 총무였던 까닭에 관련 절차를 저 스스로 도외시할 수 없다는 취지였습니다. 그러면서 아래와 같은 말을 이었습니다.

"차라리 이러면 어떨까요? 조금 공격적으로 비춰질 수 있는 표현은 제가 더 다듬겠습니다. 더한 의혹 제기도 이어갈 수 있지만, 부장님 말씀을 들으니 제 생각만 고집할 건 아닌 것 같습니다. 이렇게 마무리하겠다고 그쪽 기관에 설명해 주시면, 오히려 그쪽은 부장님께 고마워할 겁니다."

결국 두세 가지 표현을 순환하는 선에서 기사는 출고됐고, 다행히 해당 기관과의 협력도 차질 없이 진행되었습니다. 제가 조언한 그대로 부장이 이행했는지는 모르겠습니다만, 저로서는 뜻을 이룬 셈입니다.

이와 반대로 제가 데스크가 되어 후배 기자들과 입장 차를 좁혀야 할 때도 있었습니다. 수사기관의 권력 남용을 견제하는 보도를 준비했는데, 의혹이 제기된 여러 인물들 가운데 하필 제가 개인적으로도 잘 알고 회사와도 우호적 관계에 있던 인사가 포함돼 있었습니다. 저는 솔직히 말했네요. '의혹이 분명한 것이 아니라면 해당 인물에 대한 언급은 가급적 최소화했으면 좋겠다'고요. 물론 기사는 출고되었습니다. 저와 후배 기자 모두가 만족스럽지는 않은 절충안이었겠지만, 데스크와 취재 기자 사이의 불편한 갈등은 오보와 왜곡을 막을 수 있는 건강한 '밀당'이라고 생각합니다. 그 취지를 서로 이해하는 채로 충분히 상대를 이해시키려 노력해야 하고요.

설득의 전술 '넛지'… 돌직구만이 정답 아냐

사실 기자는 설득의 직업입니다. 갖가지 사회 이슈를 두고 각자의 판단이 방향성과 강도에서 차이가 있는 까닭에 앞서 언급한 것처럼 기자가 데스크를, 데스크가 기자를 설득해야 합니다. 또 취재원이 마음속 무언가를 털어놓을 수 있게끔 설득해야 하기도 합니다. 궁극적으로는 독자의 마음을 얻어내 변화를 만들어 내야 합니다. 하지만 사람의 마음을 뒤바꾸기가 어디 쉬운가요? 특히 한번 발화하고 나면 식언하기 싫어서라도 입장을 고집하는 게 사람의 습성입니다. 돌이켜보면 누구도 '입장이 다른 상대방의 마음을 바꿔 냈다'는 경험을 떠올리기란 어려울 겁니다. 그 때문에 이를 가능케 하는 전략이 필요한데, 널리 알려진 것이 넛지 nudge이네요.

선택을 유도하기 위한, 부드러운 개입을 뜻하는 넛지는, 행동경제학자 리처드 세일러와 법률학자 캐스 선스타인의 저서 《넛지》를 통해 유명해졌습니다. '팔꿈치로 살짝 쿡 찌른다'는 뜻으로, 강압적이지 않게 상대가 내 방식을 따르도록 유도합니다. 자신의 입장을 따를 수 있도록 합리적 선택의 이유들은 제시하되, 최종 결정은 상대방에게 있음을 인정하며 자발적 선택을 이끌어 내는 것입니다. 상대에게는 명분을 주고 나는 실리를 챙기는 셈입니다. 진정한 변화는 강요된 설복이 아닌 흔쾌한 선택에서 비롯되기 때문이죠.

오픈AI의 '소라(SORA)'를 통해 그려본 넛지 방식의 소통 장면

　나름 똑똑한 사람이 범하기 쉬운 실수가, 상대를 논리로 꺾어 내가 원하는 바를 얻겠다는 발상입니다. 그러나 그보다 더 현명한 사람은 진정한 설득의 수단은 이성이 아니라 감성임을 알고 있습니다. 《넛지》의 원전原典이랄 수 있는 책 《생각에 관한 생각》에서 대니얼 카너먼은 사람의 사고를 시스템 1과 시스템 2로 나누어 설명했습니다. 시스템 1이 감정적이고 본능적이라면 시스템 2는 이성적이고 논리적입니다. 우리를 제어하는 것은 무엇일까요? 저자는 "시스템 1에 속하는 초기 신념, 감정, 인상은 시스템 2에 속하는 확고한 신념과 신중한 선택을 좌우하는 주요 원천"이라며 "우리는 제안이나 문제에 감정적으로 반응(시스템 1)한 다음, 시스템 1의 반응이 정보를 제공하고 실질적으로 시스템 2의 대응을 창출한다"라고 말합니다.

　이미 나와 뜻을 같이 하는 이에게는 설득이 필요 없습니다. 그러나 살다 보면 그렇지 않은 이들이 훨씬 더 많지요. 특히 사회의 변화를 원한다면 생각을 달리하는 이들에 대한 설득이 반드시 필요합니다. 그럴 때 공략해야 할 대상은 그들의 머리가 아니라 가슴일 수 있습니다. 가만히 살펴보면 사람이나 이슈에 대해 우리가 가진 호불호 입장도, 합리적 판단의 결과라기보다 직관적 느낌에서 비롯되는 경우가 대부분입니다. 그것을 그럴 듯한 이성과 논리로 치장하지요. 우리의 사고방식과 생활의 밑바탕은 감성적인데, 상대방은 이성적일 것이라 전제하여 논리로 설득하려 한다면 효과가 있을 리 없지요. 안팎에서 설득이 일상인 기자들은 이를 꼭 명심할 필요가 있습니다. 굳이 기자가 아니어도, 다른 사람의 변화를 꾀하려 한다면 늘 '돌직구'만이 정답은 아님을 인식해야 합니다.

19세기 미국의 여성 작가 에밀리 디킨슨은 이를 아래의 시로 표현했는데요. '말하라, 모든 진실을. 하지만 말하라, 비스듬하게.Tell all the Truth but tell it slant'라는 제목의 시를 감상해 보시죠.

"말하라, 모든 진실을. 하지만 말하라, 비스듬하게.
성공은 빙빙 돌아가는 데에 있다.
우리의 허약한 기쁨에 너무 밝은
진실은 엄청난 놀라움이니.
마치 친절한 설명으로 천천히
아이들의 눈을 밝히듯
진실도 차츰차츰 광채를 발해야 한다.
그렇지 않으면 모두가 장님이 되고 말 것이니."

그런데 빙빙 돌아가는 데에 성공이 있지 않고, 친절하고도 천천히 아무리 설명해도 진실이 광채를 발하지 않는다면 어떻게 해야 할까요? 그때는 어쩔 수 없습니다. 아쉬움을 남기지 않는 직설直說이, 남겨진 유일한 방책입니다.

15

같은 듯 다른 - 기자의 언어, PD의 언어

이 둘의 관계를 어떻게 봐야 할까요? 개와 원숭이 관계와 같을까요? 아니면 악어와 악어새의 관계와 비슷할까요? 기자, 그리고 PD 그중에서도 시사 PD와의 관계 말입니다. 함께 저널리즘을 구현하면서도 같은 듯 다른 듯 역할을 하는 두 직종은 어떤 관계이고 어떤 관계를 맺어야 하는지, 이 글을 보고 판단해 보시죠.

사실 방송 언론계에서 기자와 PD가 한데 뭉쳐 더 나은 콘텐츠를 만들어 보자는 노력은 오래전부터 있었습니다. 대표적으로는 2000년 MBC가 마련한 〈피자의 아침〉이라는 프로그램이 떠오릅니다. PD와 기자가 함께 만든다는 점을 강조해 제목부터 이리 지었는데, 결국 얼마 지나지 않아 문을 닫았습니다. 여러 이유가 있겠지만 PD와 기자의 협업이 기대했던 시너지로 이어지지 않았던 점이 큰 원인으로 꼽힙니다.

CBS도 기자 - PD 간 시너지를 내보자고 야심차게 결의한 때가 있었습니다. 2008년 〈김현정의 뉴스쇼〉 프로그램을 만들 때입니다. 출근길 청취자를 타깃으로 한 프로그램인데, 원래 그 시간대에는 기자들이 만드는 〈뉴스레이다〉라는 프로그램이 배치돼 있었습니다. 그런데 사람들의 귀를 더 솔깃하게 하는, 높은 청취율의 뉴스·시사 프로그램을 만들어 보자는 논의가 시작됐습니다. 이를 위해서는 제작의 전문가인 PD들의 참여가 필수라는 자연스러운 결론에 이르렀고, 사내 공모를 통해 아예 김현정 PD가 앵커까지 맡게 됩니다. 시간이 흘러 〈김현정의 뉴스쇼〉는 한국의 대표적 라디오 프로그램 중 하나로 성장했고, 그 과정에 기자들의 참여는 형식을 달리하며 이어져 왔습니다.

유튜브 영상 콘텐츠로 본격 진화하기 전인 2018년 〈김현정의 뉴스쇼〉 생방송 모습

그 역사 안에 저 역시 4년을 함께했습니다. 2017년부터 2021년까지 아예 그곳으로 파견돼 〈김현정의 뉴스쇼〉 프로그램 스태프로 일했던 겁니다. 시사 PD들, 그리고 작가들과 함께 호흡하며 프로그램을 만들었던 시간들은 여느 기자들에게 허락되지 않는 값

진 경험입니다. 이에 앞서 저는 영상 PD들까지 어우러진 뉴미디어 융합 부서에서 영상 콘텐츠 제작을 경험한 바도 있습니다. 의외로 기자는 PD를, PD는 기자를 알기 어려운데 저는 기자이지만 PD를 좀 안다고 말할 수 있지 않을까요? 이제 그 경험을 바탕으로 기자와 PD의 비교 관찰기를 들려 드리겠습니다.

기자들이 기사를 구상하면서 가장 많이 듣는 질문은 이것입니다. "나온 얘기야?" 앞서 강조했듯이 기자가 추구하는 가장 큰 가치는 새로움입니다. 기자의 핵심 DNA는 숨겨진 팩트의 발굴입니다. 그동안 사람들이 알지 못했던 무언가를 들려준다는 것에서 기자는 쾌감과 보람을 느낍니다. 반면 PD가 프로그램(여기서는 제게 익숙한 라디오 프로그램을 말합니다)을 준비하면서 가장 많이 듣는 질문은 이것이더군요. "들려?" 청취자들의 귀를 쫑긋하게 만들 수 있는 소재이냐는 것이죠. 새로 발굴한 팩트라 하더라도 무겁고 지루하다면 PD에게는 가치가 없습니다. 그 자체로 솔깃하지 않다면 어떻게든 들리게끔 구성을 해내야 합니다.

〈뉴스쇼〉 파견 당시 이런 일도 있었습니다. 의미 있는 내용을 취재한 뒤 저는 15분 안팎의 분량으로 취재물을 정리했습니다. 김현정 앵커와의 생방송 대담용 원고를 작성하는 것인데, 방송 전날 이를 CP_{책임 PD}에게 전달했습니다. 이를 받아든 〈뉴스쇼〉 CP는 앵커와의 질의 응답 내용 중 가장 중요한 부분에서 '짝짝' 손뼉이라도 쳐 보라고 하더군요. "여기가 가장 중요한 대목이다, 이 부분을 꼭 기억하시라"고 부연 설명이라도 하면서, 청취자의 주의를 환기하고 집중력을 높여야 한다는 취지였습니다. 청취자의 구미를 당기게 하는 것은, 이 정도로 PD에게 절실한 일입니다.

'New'가 중한 기자, 'Interesting'이 중한 PD

한마디로 정리하면 기자들은 새로운 무언가something new를 추구하고, PD는 흥미로운 무언가something interesting를 추구한다고 할까요? 물론 기자도 흥미를, PD도 새로움을 추구하지만 각자가 더 우선하는 가치는 따로 있다는 얘기입니다.

기자는 'something new'를 어디서 찾을 수 있을까요? 현재까지 드러나지 않은 무언가를 캐내기 위해 때로는 전인미답의 망망대해를 헤맵니다. 이미 관심이 몰린 이슈를 두고 'something new'를 찾기 위해서는 깊이, 더욱 깊이 촉수를 뻗어야 하고요. 조금이라도 새로운 것을 발견하기 위해서는 분석적 접근이 이뤄집니다. 사안을 하나하나 뜯어가며 세밀하게 구석구석을 살핍니다. 그러나 이 늪에 빠지다 보면 자칫 종합적 관점을 잃는 우를 범할 수 있습니다. 또 'something new'라는 보물은 눈에 띌 정도로 큼지막하게 존재하기 어렵기 때문에 들이는 수고에 비해 성과가 화려하지 않을 때가 많습니다. 노력 끝에 출고한 '단독 기사'라 해도 반응이 시들하거나, 가뭇없이 묻히는 일도 왕왕 있고요.

하지만 이에 대한 기자들의 자부심은 상당합니다. 드러나지 않은 것을 드러냄으로써 변화를 촉발하는 방아쇠를 당긴다는 자부심입니다. 단순한 전달자나 이야기꾼이 아니라, 새로운 역사를 담는 독보적 기록자가 된다는 느낌은 기자만이 느낄 수 있는 자랑이지요. 직업에 충실한 웬만한 기자라면 두고두고 기억되는 단독 기사 몇 건씩은 내놓았을 텐데요, 그것들을 소개해 달라 하면 시간이 가는 줄 모르고 설명할 겁니다. 자신이 아니면 세상이 알지 못했을 일들이라 하겠지요. 그리고 해당 기사에는 이를 증명하는 기자의 바이라인이 붙어 있습니다.

　기자와 달리 시사 PD는 대체로 기자들이 이미 생산한 기사를 바탕으로 'something interesting'을 찾습니다. 매일매일 출입처와 사건 현장을 누비는 기자와 달리 방송국 안에서 세상을 바라볼 수밖에 없습니다. 날것 그대로의 세상과는 거리가 있을 수 있지요. 또한, 접하는 정보들이 원석原石이 아닌 까닭에 손길을 타는 과정에서 오염되거나 왜곡되었을 가능성을 인식해야 합니다. PD들은 그 안에서 기-승-전-결의 완결된 이야기를 만들어 내고자 하는데, 이는 그때그때 팩트들을 툭툭 던져 내는 기자의 업무 방식과 차이가 있습니다. 이 때문에 정합적인 이야기에 기자보다 더 골몰하게 되고, 이는 실제로는 비정합적인 세상을 비뚤게 조명하는 오류를 일으키기도 합니다.

　이러한 PD들의 장점은 우선 타율이 좋다는 점을 꼽을 수 있습니다. 맨땅에 헤딩하는 기자들과 달리 수면 위로 드러난 이슈들 가운데 선별하여 콘텐츠를 만들어 내니 효율이 낮기 마련입니다. 또 개별 팩트에 천착하기 쉬운 기자들과 달리 전체를 종합하니 세상을 한눈에 조망할 수 있습니다. 사람들은 당연히 이러한 이야기에 더 흥미를 느끼겠지요. 그 사람들을 상대로 메시지를 전파하는 PD들은 여론의 변화를 더 좌우할 힘도 갖게 됩니다. 상황은 크게 달라진 게 없는데도 흥행몰이하는 영화 한 편으로 묵혔던 숙제들이 해결되는 사례들이 더러 있는데, 마찬가지 효과일 것입니다.

'견원지간' 기자와 PD… 생기발랄 충돌 계속돼야

생각보다 기자와 PD의 역할과 기능이 다르지요? 이렇다 보니 협업이 쉽지 않습니다. 각자가 상대를 향해 볼멘소리를 하기 마련입니다. 기자와 PD가 같은 프로그램을 만들다 보면 어떠한 이슈를 다룰 것인가를 두고도 입장이 나뉠 수 있습니다. 기자의 발제에 PD는 "재미없다" 핀잔을 주고 PD의 발제에 기자는 "다 나온 얘기다" 면박을 줄 수 있겠지요. PD는 기자를 향해 '그들만의 이야기에 빠져 있다'고 하고, 기자는 PD를 향해 '세상을 너무 각색脚色하려 든다'고 각기 비판할 수 있습니다.

기자와 PD가 얼마나 아웅다웅 지내는지 더 솔직한 이야기를 꺼내 볼까요? 기자는 PD들이 온실 속에서 남들이 차려 놓은 밥상을 받기만 할 뿐이라 생각할 겁니다. 하지만 수많은 이슈 가운데 사람들이 더 흥미를 가질 이슈를 꼽을 선구안은 쉽게 만들어지지 않습니다. 또 시청자들이 쉽게 이해할 수 있도록 구성하고 연출하는 능력은 기자가 감히 따라갈 수가 없지요. 아울러 출입처별로 또는 출입처 안에서 업무 강도의 성수기와 비수기를 오가는 기자와 달리 시사 PD들은 늘 가장 뜨거운 이슈와 함께한다는 점에서 부담이 결코 가볍지 않습니다.

반대로 PD는 기자들이 출입처 안에 또아리를 틀고 앉아 이슈의 선택과 집중도 못 한다고 답답해할 겁니다. 그러나 기자는 기록될 가치와 전파될 가치가 있다면, 지금 큰 주목을 받지 못하는 사안이라도 뉴스로 전합니다. 사초史草를 쓰는 사관의 입장에서 언젠가, 누구에게는 효용이 있을 수 있는 정보이기 때문입니다. 또 이미 알려진 이슈 가운데 'something interesting'을 찾는 일과 달리, 'something new'를 찾는 일은 선택과 집중이 말처럼 쉽지 않습니다. 무엇이 흥미도 있고 의미도 있었느냐는 평가는 결과론적인 탓입니다.

물론 제 개인적인 생각이 CBS에서의 경험을 반영하는 것은 사실이지만, 당연히 CBS만의 현실은 아닙니다. 오히려 다른 방송사보다 규모가 적고 직군 간 교류가 활발한 CBS는 기자 - PD 사이 거리감이 상대적으로 멀지 않습니다. 두 직종 간 정보의 공유조차 되지 않아 종종 일을 그르치는 방송사도 드물지 않고요. 이는 비단 우리나라만의 문제도 아니어서, 전 세계적으로 유명한 방송사도 이해관계가 너무도 다른 기자와 PD는 각기 다른 노동조합을 만들어 운영하기도 하더군요. 그 정도로 현재의 기자와 PD 사이의 관계는 견원지간犬猿之間에 가깝다고 해야 할까요?

그럼에도 더 건강한 저널리즘을 위해서는 기자와 PD의 협업이 계속 시도되어야 한다는 생각입니다. 어찌 보면 'something new'와 'something interesting'은 저널리즘을 구성하는 양쪽 날개 아닐까요? 때로는 분석적으로 해체하고, 때로는 종합적으로 구성하는 시각도 건강한 저널리즘을 위해 병존해야 한다고 봅니다. 나무도 보고 숲도 봐야죠. 그런 취지에서 최근 현장에서 취재하는 PD, 스튜디오에서 연출하는 기자가 늘어나는 현상은 박수받을 만합니다. 그러나 기왕이면 기자는 기자다운, PD는 PD다운 역할에 충실한 채 협업 모델을 더욱 늘리는 편이 어떨까요? 기자 저널리즘과 PD 저널리즘은 각기 다른 측면에서 견제될 필요도 있으니까요. 말하자면 두 직종 간 화학적 결합이 아닌 물리적 결합이 더 바람직해 보입니다. 우당탕탕 쿵쾅대는 기자와 PD의 생기발랄한 충돌이 앞으로도 끊임없이 이어지기를 기대합니다.

16

다양한 언어 속 마음을 울리는 공명법

앞선 글을 통해 기자와 PD의 다름이 잘 표현됐을까요? 이 둘의 차이는 글에서 대번에 드러납니다. 어떠한 콘텐츠든 결국 글이 뼈대이고, 때로는 최종 결과물인 까닭입니다. 프로그램 안에서 출연자들 간 호흡이 척척 맞는 진행도, 글로 쓰인 사전 기획안과 구성안이 짜임새 있지 않고는 불가능할 겁니다. 좋은 기사를 위해서는 뜻이 분명한 발제가 먼저 있어야 하겠고요. 영향력 있는 콘텐츠를 만들기 위해서는 기자와 PD가 품고 있는 생각이 기획 단계부터 글로 일목요연하게 정리되어야 함이 우선입니다. 기자와 PD가 다르다 함은 곧 그 둘의 글이 다르다는 얘기입니다.

글쓰기의 차이는 기자와 PD 사이에서 보이는 것만은 아닙니다. 기자 안에서도, 아니 기자 한 사람을 놓고 봐도 다양한 글쓰기가 존재합니다. 그 결과물이 다양한 형태의 기사이겠지요. 기사의 종류는 크게 스트레이트 straight와 피처 feature로 나눌 수 있습니다. 스트레이트 기사란 가능한 한 객관적 팩트만 나열한 담백한 형태로,

건조하지만 묵직한 메시지를 담습니다. 박스 기사라고도 불리는 피처 기사는 사실을 바탕으로 기자의 주관을 담아 맥락과 배경, 전망 등을 실습니다. 가령 대통령의 사면赦免 조치가 있었다 하면, 신문 1면에 '대통령이 어떤 취지로 누구누구를 사면했다'는 스트레이트 기사가 배치된 뒤, 2면부터는 '사면의 숨은 맥락', '최종 결정까지의 고민 지점', '결정에 대한 평가와 앞으로의 여론 전망' 등 갖가지 피처 기사가 이어질 것입니다. 스트레이트 기사는 가급적 기자의 시각을 배제하기 때문에 기자들은 피처 기사에서 자신의 문체를 녹여 필력을 펼쳐 내곤 합니다.

2025년 3월 19일 주요 조간신문들 1면

그런데 세부를 살펴보면 기사의 종류는 이보다 훨씬 다양합니다. 특히 신문과 방송을 넘나들면 더 많은 기사 형태가 눈에 띕니다. 방송 뉴스는 통상 앵커 멘트에 이은 기자의 리포트를 기본 단위로 구성되고, 이보다 짧게 전해야 할 소식들은 석 줄 정도의 단신短信으로 마련합니다. 심층적으로 살펴봐야 할 사안은 앵커와 기자 사이의 문답으로 보도하고 기자가 프레젠테이션 형태로 뉴스를 전하기도 합니다. 이밖에 해설 또는 논평 기사도 있고, 유튜브 어법에 맞는 뉴스까지 새로 개발되는 현실이네요. 여기에 출입처별 기사 형태도 다름을 감안한다면 기자는 다른 직업에 비해 상대적으로 더 다채로운 글쓰기를 익히는 사람일 것입니다.

저는 이러한 자만에 빠져 있었던 모양입니다. 하루에도 몇 편의 기사를 생산하는 기자 생활 10년 뒤 대학원에 들어가 오랜만에 다시 학술적 글쓰기를 떠안으면서도 '이쯤이야' 생각했으니까요. 그러다 슬슬 논문 쓸 시기가 다가와 초안처럼 작성한 글을 내보이니, 이를 본 지도 교수가 한마디 하시더군요. "논문이 아니라 기사를 써 놓은 것 같네요." 남들보다 더 많은 글을 써 봤다고 자부하던 저도 글의 다양한 영역을 두고는 우물 안 개구리 신세를 넘어서지 못했습니다.

"당신이 쓴 글이 곧 당신이다"

이렇듯 글은 사람 개개인의 일상과 인생을 그대로 반영합니다. 기자의 글쓰기와 학자의 글쓰기는 다릅니다. 기자도 각자 특화된 업무에 따라 글의 스타일이 달라지고요. 그렇게 보면 글쓰기가 곧 그 사람을 나타낸다 해도 과언이 아닙니다. 탁월한 기사라 하면 뾰족한 문제의식을 바탕으로 꼼꼼히 취재하여 일목요연하게 정리된 글이니, 기사를 잘 쓰는 이가 곧 훌륭한 기자인 셈입니다. 마찬가지로 논문과 강의안을 잘 작성하는 사람이 좋은 교수이고, 모두가 수긍할 만한 명쾌한 판결문을 내놓는 사람이 박수받을 만한 판사인 것이지요. 나아가 검사는 공소장으로, 프로그래머는 프로그래

밍 언어로, 의사는 진단서와 처방전으로 존재의 의의를 나타냅니다. '당신이 먹는 것이 곧 당신이다What you eat is what you are'라는 말이 있지만, '당신이 쓴 글이 곧 당신이다'라는 말도 성립할 것입니다. 호모 스크리벤스(글 쓰는 인간)Homo Scribens라는 말이 생겨난 연유도 이와 같은가 봅니다.

문제는 각 개인의 존재 양식이랄 수 있는 글이 제각기 너무나 다른 형태로 작성된다는 점입니다. 겉보기에는 같은 한국어여도, 의외로 다른 직업군의 글은 해석조차 어렵습니다. 책에 파묻혀 사는 교수도 법학을 전공하지 않았다면 판사의 판결문을 쉽게 이해하기는 어려울 것입니다. 프로그래머는 교수의 논문이 선뜻 읽히지 않고, 훌륭한 의사도 검사가 쓴 공소장의 의미를 파악하기에는 적지 않은 시간이 걸릴 것입니다. 같은 방송사 안에서도 기자나 PD가 엔지니어와 소통하는 데 애를 먹거나 오해가 생기는 일도 왕왕 있지요. 웬만한 사람들은 자신이 가입한 보험 약관을 두고도 '이게 무슨 소리인가' 어리둥절하니, 직업이 다른 이가 쓴 글의 난해함은 오죽하겠습니까.

이러한 현실을 두고, 적어도 기자는 그러려니 넘길 수 없습니다. 세상만사를 두루 살펴 의미를 찾고 전달해야 하는 게 기자이죠. 그러자면 도처에 놓인 각기 다른 직업의 사람들을 취재해야 하는데, 그들의 언어를 이해하지 못한다면 결국 세상을 알 수 없기 때문입니다. 이런 까닭에 기자들은 출입처를 바꿀 때마다 새로운 언어를 습득하는 게 일입니다. 법조팀으로 배치될 때는 판결문과 공소장을 익혀야 하고, 국회에 배치될 때는 각종 법안에 익숙해져야 하며, 기업을 취재할 때는 재무제표 정도를 볼 수 있어야 하고, 거시경제를 다룬다면 국내외 각종 경제 관련 리포트들을 섭렵해야 합니다. 이뿐만이 아닙니다. 때로는 의사의 진단서에서, 교수의 논문에서, 구청 공무원의 기안서에서, 기업 간 합의문에서 취재의 실마리가 나올 수 있습니다. 내 주변 다양한 언어에 대한 이해는 기자의 필수 능력 중 하나입니다.

반대로 다양한 언어를 구사할 줄 아는 것도 기자의 능력이 되겠지요. 영어권 사람들을 속속들이 알기 위해서는 영어 읽기와 듣기뿐 아니라 쓰기와 말하기 능력을 갖춰야 하는 것과 같은 이치입니다. 어느 순간 이에 대한 욕심이 차올랐습니다. 저는 방송 기사와 지면(인터넷) 기사 쓰는 데에 익숙한 채로, 논문을 쓰고 이를 학회지에 게재하면서 학술적 글쓰기를 익혔고, 단행본 대중서를 출간하면서 긴 호흡의 대중적 글쓰기를 배워나갔으며, 사내 기획조정실 근무 때는 '회사원의 글쓰기란 이런 것이구나' 깨달았습니다. 심지어 2년간의 노동조합 전임자 활동 때는 선동적이고 격정적인 성명서 쓰기로 바쁜 나날을 보냈습니다. 끝내는 문학적 글쓰기를 배워 보겠다며 기자 생활 중 아예 대학교 문예창작학과에 편입까지 해 공부했네요. 앞서 설명한 대로 사람의 변화는 머리나 이성을 대변하는 '시스템 2'보다 가슴과 감성이라는 '시스템 1'에서 비롯되는데, 그 시스템 1을 자극할 수 있는 능력도 갖추고 싶었습니다.

내 메시지가 당신을 전율케 할 수 있다면

어떻게 하면 다른 사람을 잘 이해하고 다른 사람에게 나를 잘 이해시킬까 하는 고민은, 지금 저만의 것은 아니겠죠. 또 비단 글을 매개로 한, 쓰기와 읽기에 국한된 이야기도 아닐 것입니다. 나와 상대방 사이, 가장 적합한 소통 방식을 찾아 헤맨 것은 인류의 역사와 함께할 것 같습니다.

지금은 말과 글을 먼저 떠올리지만, 그에 앞서서는 몸짓이 있지 않았을까요? 그 몸짓은 무용이나 율동, 댄스 등으로 이어져 오늘에 이르고 있습니다. 무용가나 댄서에게는 자신이 가진 느낌이나 생각을 가장 잘 표현하는 방식이 여전히 몸짓이겠고요. 리듬과 멜로디로 이뤄지는 음악도 소통을 위한 오래된 매개 방식일 것입니다. 현재도 수많은 사람은 '나를 표현하는 딱 맞는 수단은 누가 뭐래도 음악'이라는 데 동의할 것 같네요. 그림이나 조각도 빼놓을 수 없습니다. 역사에 남은 뛰어난 예술가들이 당대의 시대적 분위기와 자신의 생각을 여기에 담아 놓고 있습니다. 마지막으로 떠올릴 수 있는 것은 수數입니다. 인류는 자연의 법칙을 깨달아 수로 표현했고, 수를 통해 머릿속 사상思想을 정밀하게 전달할 수 있게 됐습니다.

말·글, 몸짓, 음악, 그림과 조각, 그리고 수가 각기 또는 혼재하여 전달 능력을 키워 온 모습은 흡사 더 나은 소통을 추구하려는 인간의 몸부림과 같습니다. 내 머릿속에 떠오른 희노애락애오욕喜怒哀樂愛惡慾의 감정들, 감각을 통해 지각한 객관적 사실들, 주의 주장들, 그리고 이 세상 너머에 대한 공상들까지 어떻게 하면 타인에게 그대로 전할 수 있을까요? 생각해 보면 신기한 일입니다. 그리고 노력 끝에 나의 심상心想이 상대에게 제대로 다가갔다고 보이면 짜릿한 쾌감이 느껴지기도 합니다.

한 기타 줄의 울림은
주변 다른 기타의
같은 줄 울림으로
이어진다.

그 순간은 마치 주파수가 동일한 물체가 연이어 따라 진동하는 '공명共鳴 현상' 때와 같습니다. 기타의 세 번째 줄을 퉁기면 옆에 있는 다른 기타의 세 번째 줄이 덩달아 떨리는 현상 말입니다. 주파수를 맞추면 나의 전율이 상대방에게 고스란히 전달되는 것이죠. 변화는 자신의 진의를 정확히 전달하는 데서 시작된다고 봅니다. 그러기 위해서는 상대가 갖는 주파수, 즉 처한 여건이나 현재의 입장, 성격을 두루 알고 이에 맞춰 메시지를 발신하는 것이 중요합니다. 그래야 왜곡 없이 소통이 이뤄지기 때문입니다. 우리가 몸짓에서부터 수까지, 그 안에 있는 각기 다른 무수한 '언어'를 존중하고 이해해야 하는 이유는 거기에 있습니다. 특히 늘 세상과 소통해야 하는 저널리스트들은 더 말할 나위가 없지요.

소통의 뼈대인 글로, 다시 이야기를 좁혀 보겠습니다. 기사를 작성하는 기자는 어떻게 하면 세상을 공명케 할까를 늘 염두에 둬야 합니다. 이를 위해 세상의 주파수에 맞춰 기자의 메시지를 실어야 합니다. 기사의 시점, 형태, 표현, 단어 하나하나가 '어떻게 들릴까', '어떻게 읽힐까' 하는 기준에 맞춰 선택되어야 합니다. '나의 진의는 그것이 아니었다'라는 변명은 아무런 의미가 없습니다.

일본 작가 미우라 시온의 책 《배를 엮다》를 보며 각 단어의 정의定義를 위해 가장 적확한 표현을 찾느라 머리를 싸매는 이들의 열정에 경탄한 적이 있습니다. '대도해'라는 사전 편찬을 위해 고군분투하는 출판사 직원들의 모습을 조명한 소설인데, 귀스타브 플로베르의 '일물일어一物一語' 주장을 연상케 했습니다. 한 가지 사물이나 현상을 설명하는 단어는 오직 하나가 있을 뿐이라는 얘기입니다. 언어에도 수학 문제처럼 철커덕 맞아떨어지는 정답이 있다는 것입니다. 《배를 엮다》의 작가 역시 책에서 "많은 말을 가능한 한 정확히 모으는 것은 일그러짐이 적은 거울을 손에 넣는 것"이라며 "일그러짐이 적으면 적을수록 거기에 마음을 비추어 상대에게 내밀 때, 기분이나 생각이 깊고 또렷하게 전해진다"고 강조했네요.

어떤 일을 하든지 깊고 또렷하게 메시지를 전하고 싶은가요? 열쇠는 일그러짐이 적은 글을 쓰는 데 있습니다.

17

좋은 글쓰기에는 왕도가 있다

글을 통해 다른 사람을 공명케 하는 일만큼, 세상을 공명케 하는 일만큼 어려운 일이 또 있을까요? 더욱이 이는 글을 쓰는 이가 홀로 짊어져야 할 고독한 숙제입니다. 기자나 작가가 가진 생각을 온전히 알 수 있는 유일한 사람은 바로 그 자신이기 때문입니다. 아무리 발달된 AI가 글을 대신 써 준다 해도 한계가 있을 수밖에 없지요. "사랑하는 아내가 원고지 한 장 대신 써 줄 수 없고, 사랑하는 아들도 마침표조차 대신 찍어 줄 수 없는 게 글쓰기"라는 조정래 선생의 말은 여전히 유효합니다.

하지만 답답한 몸부림을 계속하다 보면 흐릿했던 정답이 서서히 분명해짐을 느끼게 됩니다. 고전적 글쓰기의 교본인 《문장강화》에서 이태준은 "언어에는 못 표현하는 면이 으레 있다 해서 자기의 표현욕을 쉽사리 단념할 바는 아니다"라고 했죠. 이어 "신문이든, 운문이든 문장가들의 언어에 대한 의무는 실로 이 못 표현하는 암흑면 타개에 있을 것"이라고, 그는 밝혔습니다. '표현하기 어려운 암흑면을 타개'하는 작업은 글 쓰는 이의 생각을 발효시키는 과정이기도 합니다.

한 편의 글을 내놓기 위해 생각을 푹푹 발효시키다 보면 어느 순간 숙성된 결과물을 마주하며 짜릿한 쾌감을 맛보게 됩니다. 마라톤 선수들이 사점死點을 지나 러너스 하이 runner's high라는 해방감을 느낀다고 하던데, 글 쓰는 이에게는 라이터스 하이 writer's high가 있다 할까요? 기자를 비롯해 글쓰기가 직업인 이들이 계속 달릴 수 있는 동기는 어쩌면 그 카타르시스 때문일 겁니다.

이를 위해서는 글쓰기의 사점을 잘 극복해야 할 텐데요. 이제부터는 그 원칙과 방법들을 나눠 보겠습니다. 물론 저는 이름난 문장가도 아니고, 필력을 자랑할 만한 훌륭한 기자도 아닙니다. 제가 스스로 터득한 글 잘 쓰는 방법이 따로 있는 것은 아니고요. 다만 좋은 글이란 무엇인가를 두고 꾸준히 둘러보다 보니, 동서고금을 넘나드는 공통의 조언들이 있더군요. 이를 아래와 같이 정리해 보았습니다.

우선 억지로 등 떠밀려 쓰는 글은 절대 좋은 글이 될 수 없습니다. 펼치지 않고는 못 배기는 이야기만이 좋은 글로 발전할 수 있습니다. 그러기 위해서는 내가 정말 하고 싶은 이야기가 무엇인가를 깊이 살펴봐야 합니다. 당연히 남들이 숱하게 해 놓은 뻔한 이야기는 좋은 소재가 될 수 없습니다. 이미 누구나가 아는 이야기에는 나의 절실함이 담길 수 없기 때문입니다. 그리하여 독창적 관점을 갖는 것이 무엇보다 중요합니다. 앞서 뉴스의 요건을 설명하며 전에 없는 새로움의 가치를 힘주어 말했지만 다시 한번 강조하게 되네요.

이를 위해 필요한 건 시인과 같은 시각이라고 봅니다. 《책은 도끼다》의 저자 박웅현은 "옛날에는 시인을 볼 견 見 자를 써서 견자 見者라고 했다"면서 "삶을 세밀하게 들여다보고 다른 사람들이 못 보는 것을 발견하는 사람이 바로 시인이라는 뜻"이라고 했습니다. 그러한 발견을 통해 '이건 몰랐지?' 하는 생각이 들면 어찌 절실함이 샘솟지 않을까요. 그런 절실함은 강력한 동기가 되니, 좋은 글의 필수 요건은 갖추게 됩니다.

좋은 글의 첫걸음, 나만의 이야기 찾기

여기서의 새로움이란 꽁꽁 감춰진 비밀을 벗겨 내며 나오는 것은 아니죠. 새로운 팩트를 추구하는 기사가 아니라면, 독점적 정보가 아니라 독창적 관점이 더 중요합니다. 이어령 선생에 따르면, 글쓰기는 크게 두 가지 유형으로 나뉜다고 합니다. 익숙한 것을 낯설게 하기, 아니면 낯선 것을 익숙하게 하기라고 하네요. 후자는 설명문 등에 적합한데, 그러한 실용적 글이 아니라면 대체로 익숙한 것에서 낯선 면모를 추출해 내는 기량이 작가에게는 필요합니다. 그렇게 '낯선 익숙함'이 추출됐다면 글은 거의 다 쓴 것이나 마찬가지입니다.

이제 하고 싶은 이야기를 구체적으로 표현하는 방법입니다. 가장 중요한 원칙은 '기억되려면 그림 같이 쓰라'는 것입니다. 언론인의 상징과도 같은 조셉 퓰리처가 늘 강조했던 바입니다. 기자 출신의 소설가이자 번역가인 안정효 선생도 《글쓰기 만보》에서 "등장인물이 슬프거나 즐거움을 느끼는 장면을 묘사하고 싶다면, 그 감정을 살코기처럼 따로 잘라내어 저울에 달고 자로 재어 숫자로 계산한 다음, 그 수치에 맞게끔 정확하고도 구체적인 표현을 찾아 쓰도록 하라"고 했습니다. '슬픔에 눈물 흘렸다'거나 '즐거운 표정이었다'와 같은 표현으로는 작가가 품은 느낌을 제대로 전할 수 없다는 것입니다.

'그림 같은 글쓰기'는 곧 내러티브 글쓰기입니다. 작가의 해석과 개입을 가급적 배제하고 독자에게 인물과 사건, 사안을 담백하게 전달하는 방식입니다. 스스로 느끼고 판단하게끔 하여 그 효과를 배가하기 위함입니다. 동아일보 기자를 지낸 최수묵은 《기막힌 이야기 기막힌 글쓰기》에서 "사회 정보를 전할 때도 '설명하지 말고, 보여 주라'는 내러티브의 대원칙은 항상 지켜야 한다"고 했습니다. "아버지는 종교에 관대하신 편이다"라고 설명하지 말고 "아버지는 성탄절에 내가 교회에 가지 않고 친구들과 밤새 파티를 해도 모른 척해 주셨다"고 상황을 보여 주라는 것입니다.

위 예시처럼 내러티브 글쓰기의 생명은 구체적 묘사이고, 이를 위해서는 풍부한 정보 확보가 관건입니다. 인물에 대해서도 이름과 나이는 물론, 키, 몸무게, 출생지, 피부색, 옷차림, 목소리, 학력, 결혼 여부, 이성 관계, 부모, 취미, 인생관, 말투, 냄새 정보까지 빼곡하게 확보하면 할수록 더 생생히 만져질 듯한 묘사가 가능해집니다. 이는 취재의 기본과도 닮았습니다. 가능한 한 진실에 근접하기 위해 최대한 많은 퍼즐 조각부터 확보하는 것이죠. 그리고 이를 선별하여 보여 줌으로써 독자 스스로 진실을 분별할 수 있도록 합니다. 기자가 굳이 나서서 규정하거나 설명할 필요가 없습니다. 이를 내러티브 저널리즘이라고 합니다.

그렇다고 내러티브 글쓰기를 무미건조한 표현의 나열로 오해해서는 안 됩니다. 그림 같은 글을 낳기 위해서는 숨이 깃든 표현을 찾아내야 합니다. 소설가 이외수는 《글쓰기 공중부양》 책에서 생어와 사어를 나눈 뒤 "생어는 글에 신선감과 생명력을 불어넣어 준다"고 했습니다. 사어가 허무, 지혜, 포부 등 주로 한자어로 된 단어라면 생어는 물비늘 주름살 재채기처럼 오감을 각성시키는 단어라는 것입니다. '고독이 질펀하다'처럼 "사어라 하더라도 오감에 따른 서술어를 결합한다면 생명감을 얻어 생어로 전환된다"는 건 이외수가 슬쩍 건네는 팁이네요. 글이 살아 숨쉬게 하려면 생어들을 적극 활용해야 함이 당연하지요.

힘이 실린 생기 있는 표현을 위해 부사는 형용사로, 형용사는 동사로 바꿔 보라는 건 안정효의 또 다른 조언입니다. '휘청거리며 걷는다'보다는 '휘청거린다'가, '많은 눈이 내렸다'보다는 '눈이 쏟아졌다'고 말하면 글맛이 한층 살아납니다. 특히 동사를 활용할 때는 각별히 유의해야 합니다. 미국의 작가 윌리엄 진서는 자신의 저서 《글쓰기 생각쓰기 On Writing Well》에서 "동사는 문장을 밀고 나아가기도 하고 문장에 탄력을 주기도 해서 글쓴이의 연장 가운데 가장 중요하다"고 했습니다. 이어 "능동 동사는 앞으로 밀어붙이고 수동 동사는 뒤로 잡아챈다"면서 "능동 동사는 동작을 선명하게 해 준다"고 덧붙였습니다. 학창 시절 영어 수업 때 익힌 표현대로 바꿔 말하자면, 수동태보다는 능동태 문장에 더 힘이 실린다는 뜻입니다.

영어의 수동태는 우리말의 피동형 문장과 유사할 것입니다. 그리고 우리가 평소 쓰는 말 가운데는 피동형 표현들이 쓸데없이 많은 게 현실입니다. 특히 저를 비롯한 기자들이 오죽이나 피동형 표현을 남발했으면 《피동형 기자들》이라는 책까지 나왔을 정도입니다. 저자 김지영은 책에서 "'~고 전해졌다', '~라는 분석이다', '~라는 전망이다'와 같은 윤색적 표현은 부족한 취재를 '때우려는' 기자의 '추측'을 반영할 뿐만 아니라, 선입견, 경향성, 전제된 가치, 이해관계까지 내포한다"고 꼬집었습니다. 여전히 할 말을 잃게 하는 아픈 지적입니다.

생생하고 담백하나 재미가 깃든 글

앞서 인용한 윌리엄 진서가 좋은 글을 위해 더 힘주어 강조한 내용은 따로 있습니다. 불필요한 것들을 걷어 낼 수 있을 때까지 걷어 내라는 조언입니다. 이는 글을 퇴고할 때 반드시 무겁게 지켜야 할 원칙이지요. 말과 글이 불필요하게 길어지고 덧붙여진다면, 전달하고픈 메시지가 분명치 않거나 생각이 제대로 정리되지 않은 탓입니다. 또 진실하지 않을 때도 마찬가지이죠. 《동물농장》이나 《1984》라는 작품으로 유명한 작가 조지 오웰은 《나는 왜 쓰는가》라는 책에서 "진짜 목적과 겉으로 내세우는 목적이 다를 경우, 사람은 거의 본능적으로 긴 단어와 진부한 숙어에 의존하게 된다"고 짚었습니다. 긴 단어와 진부한 숙어를 '오징어가 뿜어댄 먹물'에 비유했는데, 퇴고하며 그 먹물의 흔적들이 잔뜩 보인다면 '나는 왜 이 글을 쓰는가'에 대한 고민부터 다시 시작해야 합니다.

언론인이자 작가였던 조지 오웰

(1903~1950)

자신의 문투文套에서 비롯된 군더더기 표현들도 분명히 알고 교
정해야 합니다. 제 경우 조사 '의'를 남발하고, 문장 끝을 '~것이다'
로 종결하는 버릇이 있는데 퇴고 때는 이를 더 유심히 살펴봅니다.
바로 앞에서 저는 '영어의 수동태는 우리말의 피동형 문장과 유사
할 것입니다'라고 썼지만 이를 '영어 수동태는 우리말 피동형 문장
과 유사합니다'라고 고치면 더 깔끔하겠네요. 중문重文이나 복문複
文보다 단문短文을 지향함이 옳고, '그런데', '그리고', '하지만'과 같
은 접속부사도 들어낼 수 있다면 과감히 들어내야 문장 사이에 긴
장감이 생겨 내용이 더 선명해집니다.

이밖에 글의 간결함을 강조하는 조언은 부지기수입니다. 알버트
아인슈타인은 "단순하게 설명할 수 없다면 당신은 그것을 충분히
이해하지 못한 것"이라고 했고, 극작가 고선웅은 "어렵고 복잡한
건 가짜"라고 일갈했습니다. 쉽고 단순한 글에 대한 거듭된 강조입
니다. 미국의 작가 루돌프 플레쉬는 "하고 싶은 말을 다 했으면 끝

내라, 마지막으로 종합하여 설명하는 종결은 불필요하다"라고 말했습니다. '주저리주저리'는 금물입니다.

정작 제 글이 늘어지는 모습인데, 저 스스로 다시 한번 인식하고 싶은 조언과 권고들이 머릿속에 잇따르는 까닭입니다. 조금 더 덧붙이자면 글의 리듬감도 중요해서 "움직일 때는 짧은 문장을 쓰고, 사색할 때는 긴 문장을 쓰고, 감각적인 암시가 함축된 정서를 서술할 때는 더 긴 문장을 쓰도록 하라"는 게 안정효의 권유입니다. 이태준은 좋은 글이란 "우스우나 얼른 잊혀지지 않는 글"이라고 했는데, 이는 "5%의 진실을 이야기하기 위해서는 먼저 95%의 농담을 해야 한다"(미국 소설가 나다니엘 호손)는 말이나 "한 문단 안에 독자를 웃길 수 있는 요소가 하나 이상 없으면 글이 아니다"(미국 언론인 A. J. 제이콥스)라는 말과 일맥상통하네요.

이상은 제가 접해 알고 있는 좋은 글쓰기 가이드라인입니다. 정작 저는 충실히 따르냐고요? 보시는 것처럼 그렇지 않고 앞으로도 완벽하게 지켜낼 자신은 없네요. 그렇더라도 크게 좌절하지 않습니다. 훌륭한 글은 아니어도 갖가지 이유로 가치 있는 글은 얼마든지 가능하니까요. 좋은 글의 요건을 알고 이를 지향하면서 그때그때 가치 있는 글을 쓰는 일, 우리에겐 그 정도면 충분하지 않을까요?

다시, 직유법 은유법부터

돌아보면, 좋은 글을 쓰기 위한 기본 방법은 어린 시절 학교에서 모두 배웠습니다. 다만 적재적소에 이를 적극 활용하지 못하고 있을 뿐입니다. 전문적으로는 수사법修辭法이라 하는데, 일반적으로 활용되는 수사 기법은 비유법일 것입니다. 사상事象을 정확히 전달하기 위해 표현하고자 하는 바를 다른 대상에 빗대어 나타내는 기법입니다. 따지고 보면 예로부터 내려오는 맛깔나는 글쓰기 기술을 각기 나누어 이름 붙인 것일 텐데, 여전히 유효한 그 기법들을 다시 떠올려 봅니다. 개념 설명은 《표준국어대사전》을 따랐습니다.

○ 직유: 비슷한 성질이나 모양을 가진 두 사물을 '같이', '처럼', '듯이'와 같은 연결어로 결합하여 직접 비유하는 수사법
예) 그는 여우처럼 교활하다.

○ 은유: 사물의 상태나 움직임을 암시적으로 나타내는 수사법
예) 내 마음은 호수요.

○ 환유: 어떤 사물을, 그것의 속성과 밀접한 관계가 있는 다른 낱말을 빌려서 표현하는 수사법
예) 숙녀 → 하이힐, 우리 민족 → 흰옷

○ 의인: 사람이 아닌 것을 사람에 비겨 사람이 행동하는 것처럼 표현하는 수사법
예) 강물은 말없이 흐른다.

○ 과장: 사물을 실상보다 지나치게 과도하게 혹은 작게 표현함
으로써 문장의 효과를 높이는 수사법

예) 눈이 빠지도록 기다리고 있었다.

○ 대조: 서로 반대되는 대상이나 내용을 내세워 주제를 강조하
거나 인상을 선명하게 표현하는 수사법

예) 잘되면 제 탓 못되면 조상 탓

○ 반복: 같거나 비슷한 어구를 되풀이하여 효과적으로 표현하
는 수사법

예) 살어리 살어리랏다 청산에 살어리랏다.

○ 도치: 정서의 환기와 변화감을 끌어내기 위하여 말의 차례를
바꾸어 쓰는 문장 표현법

예) 보고 싶어요, 붉은 산이, 그리고 흰옷이.

○ 반어: 참뜻과는 반대되는 말을 하여 문장의 의미를 강화하는
수사법

예) 참 푸지게도 준다!

II

알다가도 모를
한 길 사람
속을 향해

18

기자와 취재원, 12겹 페르소나의 탈바꿈

입사 후 기자 초년병 시절, 저를 가르쳤던 선배 한 분은 기자의 표준 같았습니다. 후배들을 유달리 엄하게 가르치긴 했지만 기사든 방송이든 빠지는 점이 없었습니다. 특히 취재원 관리는 타의 추종을 불허했습니다. 좌중의 분위기를 압도하며 유쾌한 대화를 이어가는 선배 모습에 취재원들은 매력을 느끼지 않을 수 없었죠. 그들은 자기네 조직 인사 동정까지 물어올 정도로 출입처에 대한 이 선배의 장악력도 탁월했습니다. 자연히 후배들에게 요구하는 바도 커서, 퇴근 무렵이면 오늘은 누구를 만날 것이냐 묻고, 출근 무렵엔 어제 누구를 만났느냐 물으며 적극적인 취재원 관리를 채근하곤 했습니다.

그런 선배가 어느 날 갑자기 사표를 내면서 후배들은 당혹할 수밖에 없었네요. 그런데 기자라는 명함을 접고 아예 다른 나라로 떠나 버린 그 선배를 몇 년 후 다시 만났을 때, 뒤늦게 들은 고백은 저를 더욱 어리둥절하게 만들었습니다. 자신은 기자 생활을 하는 동안 사람 만나는 일이 그토록 어려웠더라는 것입니다. '아니, 다른 누구도 아니고… 이 선배가?' 하는 마음에, 뒤통수를 맞은 것 같은 충격까지 느껴지더군요.

언젠가 리영희 선생이 쓴 비슷한 고백의 글도 기억납니다. 워낙 낯을 가리는 성격 탓에 이리저리 사람들 만나는 일에 어려움을 겪었고, 대신 도서관 등에 파묻혀 국내외 책과 자료를 독파했다는 겁니다. 그런 성격이라면 어떻게 애초에 학자가 아닌 기자라는 직업을 택했을까 하는 의문이 들었습니다.

일면식도 없는 사람과 만나, 재빨리 신뢰를 쌓는다는 건 대단히 어려운 일입니다. 대개 기자를 꿈꾸는 이들은 나름대로 사교적이라고 자부했을 터인데, 그들도 막상 매일매일의 업무로서 인간관계를 확장해 나가야 할 때 큰 어려움을 겪습니다. 저 역시 그러했고요. 그러나 어쩌겠습니까. 아무리 공개된 자료들이 늘어난다 해도, 개중에는 리영희 선생 같은 훌륭한 기자가 있을 수 있다 해도, 기자는 사람들 사이에서 문제의식을 떠올리고 정보를 찾으며 새로운 기사들을 쏟아 내는 직업입니다. 다른 사람과의 관계에서 서먹함을 탈피하기가 영 어렵다면 좋은 기자가 되기 어렵습니다. 기자인 이상 사람들과의 만남에 소극적으로 임할 수 없습니다.

이로 인해 기자든 영업사원이든 정치인이든, 인간관계가 중요한 직업인은 꾸준히 사람 마음을 얻는 방법을 스스로 익혀 나갑니다. 예정된 만남을 앞두고 상대방에 대해 공부하는 것은 기본 중 기본이지요. 고향, 출신 학교, 가족 관계, 경력, 취미, 종교 등은 물론이고 최근 그가 나타낸 성과나 관심사, 가까운 사람들까지도 체크합니다. 그리고는 자신과의 공통점을 바탕으로 가벼운 대화small talk

를 전개합니다.

　몇 해 전 어떤 고위 공직자를 만날 기회를 앞두고 저는 당연히 그에 대한 빼곡한 정보를 섭렵한 뒤 자리에 앉았습니다. 그런데 오히려 그가 먼저 제 석사논문 주제까지 언급하며 화제로 삼는 바람에 그대로 두 손을 들고 말았네요. 잘 검색되지도 않을 정보까지 저에 대해 세세히 파악하고 온 그에게 제가 무슨 아는 척을 할 수 있었겠습니까. 또 어찌 그에 대한 호감이 생겨나지 않을 수 있겠습니까.

　그러나 정보를 갖고 있는 것만으로 상대의 마음을 얻을 수는 없습니다. 취재원의 마음을 열기 위해서는 자신의 신뢰도와 그와의 공감도를 높여야 합니다. 믿을 수 없고 적대적인 사람에게는 절대로 은밀하고 솔직한 이야기를 꺼내 놓을 수 없습니다. 기자의 일이란 공개된 정보를 갈무리하거나, 보도자료를 베끼거나, 대변인 성명을 그대로 전하는 것이 아니지요. 공익적 목적을 전제로 공개되지 않은 정보를 드러내는 게 기자의 본령이라면 그 정보를 알고 있는 취재원과 친구가 돼야 합니다. 그것도 빠른 시간 안에 말입니다.

맞춤형 전략으로 사람의 마음을 사라

　이를 위해 기자는 다양한 페르소나를 갖춥니다. 가면으로 번역할 수 있는 페르소나는 갖가지 환경에서 내가 상대방에서 보일 수 있는 '또 다른 나'입니다. 중국의 경극京劇 배우가 여러 차례 순식간에 변검變臉하는 장면을 보셨을 텐데요, 기자는 이러한 가면과 페르소나를 12개쯤 갖고 다니면서 그때그때 탈바꿈해야 하는 직업입니다.

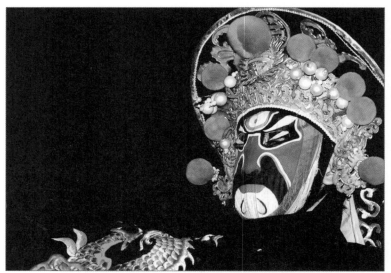
배우가 재빨리 얼굴 가면을 바꾸는 '변검' 공연 (출처: 위키백과)

옷차림부터 다르죠. 불경기 속 보증금도 바닥난 시장 상인들을 취재하는데 넥타이 맨 깔끔한 정장 차림으로 나선다면 아픈 속내를 듣기 어렵겠지요. 그런 옷차림새라면 길거리 잠복근무가 일상인 형사들을 만나도 거리감을 좁히기 어려울 것입니다. 반면 부스스하고 흐트러진 모습으로 국회의원이나 판·검사들을 찾아간다면 마주 앉아 대화하기도 쉽지 않을 겁니다. 제가 정치부에서 국회를 출입처 삼을 때는 선배로부터 구두 닦으라는 지적을 종종 들었습니다. 성인 남성의 경우 말쑥한 옷차림을 완성 짓는 건 반짝반짝 닦인 구두이니, 그 정도로 외적 이미지에서 흠결을 남기지 말라는 지적이었습니다.

가장 이질감이 덜한 모습으로 취재원을 만난 기자는 16장에서 살펴본 대로 '공명'할 수 있게끔 그들의 언어를 사용합니다. 어휘와 말투까지 닮아 갑니다. 또 취재원의 직업을 바탕으로, 그들의 이해관계가 십분 반영된 대화를 나누지요. 여당 국회의원을 만나는 자리에서 대통령의 욕만 쏟아 댄다면 관계가 유지될 수 없고, 경찰을 만나서는 고강도 수사 지휘 중인 검찰을 응원할 수 없는 노릇이니까요. 이러니 기자가 박쥐와 같다는 비판도 받지만, 누구보다 수시로 다양한 직업군을 만나야 하는 기자의 처지가 이해되기를 희망합니다.

취재원과 우호적 관계를 맺기 위한 회사 차원의 전략도 있습니다. 인사 때 주요 취재원이나 출입처의 성격에 맞는 기자를 배치하는 것입니다. 물론 절대적인 기준이 될 수는 없지만, 기자의 출신 지역, 성향, 전공 등을 고려합니다. 모두가, 어떻게 하면 유의미한 인물의 마음을 사서 은밀한 이야기까지 들을 수 있을까 하는 고민의 발로입니다.

문제는 지금까지 말씀드린 이 모두가, 양질의 기사를 목표로 하는 기자들에게는 당연하기 그지없는 최소한의 요건이라는 점입니다. 그러니 이만으로는 취재원의 마음을 열고, 마음을 얻기 위한 좋은 발판을 마련했다고 보기 어렵지요. 아니, 독점적 정보를 갖고 있는 취재원에게 기자의 존재가 인식되기도 어렵습니다. 정관계 핵심 관계자, 중요 사건 수사 담당자, 주요 기업 임원, 그리고 공익제보자 등에게는 늘 수십 수백 명의 기자들이 선을 대려고 노력하는데, 그 중요 취재원의 연락처 목록에는 존재감 없는 기자 전화번호는 아예 등록도 돼 있지 않을 것입니다. 만남은커녕 전화 통화도 어려울 수 있지요.

이런 까닭에 기자들은 취재원에게 스스로를 어필할 수 있는 저마다의 '무기'를 개발하기도 합니다. 누구는 자신의 사진이나 캐리

커처가 박힌 명함을 건네고, 누구는 처음 만나는 취재원에게 기억될 수 있는 자신의 특징을 강조하며 깊은 인상을 심으려 합니다. 최근 떠들썩했던 특종을 쓴 기자이거나, 방송 진행 등을 통해 인지도를 높인 기자라면 취재원에게 각인되기 더욱 쉽겠지요. 나아가 몇 차례 만남을 이어가며 '정보가 풍부한 기자'로 인식된다면, 또는 식사나 취미 생활을 함께하며 '케미가 맞는 기자'로 인식된다면 취재원의 마음을 살 수 있는 유리한 고지에 올라서게 됩니다.

선문답까지 벌이는 질문의 기술

여기서 이 점을 분명히 해야 하겠습니다. 취재원과 교분을 나누고 친밀도를 높였다 해도, 여간해서는 그가 흔쾌히 모든 것을 털어놓지는 않을 것입니다. 핵심 정보를 갖고 있는 취재원일수록 더 그러하겠고요. 일반적으로 기자가 갈망하는 정보는 자발적으로 드러나지 않을 것들입니다. 해당 정보가 공개될 경우 누군가가 난처해지기 때문인데, 그러한 정보를 거리낌 없이 갖다 바칠 취재원은 차라리 기대하지 않는 편이 낫습니다.

스스로 굴러 들어오지 않을 정보를 위해, 기자가 취재원을 향해 할 수 있는 건 결국 질문하기입니다. 기자가 취재원에게 다가가 마음을 열어 보려 하는 이유도, 그 목적은 질문에 대한 진실한 답을 얻기 위함입니다.

그러자면 제대로 물어야 합니다. 질문은 뾰족할수록 좋습니다. 예민한 정국政局에서 '영수회담 가능성이 있느냐' 물으면 '필요하다면 가능할 수 있다'는 원론적 답이 돌아오겠지요. 이때는 '양측 실무자급에서라도 영수회담 관련해 어제 오늘 접촉한 게 있느냐'는 식으로 구체적 질문을 던져야 합니다. 취재원이 곤혹스러울 정도로, 대충 얼버무려 답할 수 있는 여지를 좁히는 게 중요합니다. 그런 측면에서 '열린 질문'보다는 어떻게든 구체적인 답을 내놓아야 하는 '닫힌 질문'이 더 유효합니다. 또 말문을 여는 차원에서 '열린 질문'을 하더라도, 곧바로 '꼬리 질문'을 이어가며 가장 구체적인 답을 얻어내야 하겠지요.

제기된 의혹을 두고 수사 담당자에게 열린 질문을 하는 건 더욱 의미가 없습니다. 십중팔구 '수사 중인 사안이라 답할 수 없다'는 말뿐일 겁니다. 그보다 가능성을 높이려면 수사 단계에 맞춘 O/X 질문 정도를 해 볼 수는 있습니다. 대개 의혹이 제기된 뒤에는 기초 조사 뒤 자료 확보를 위한 압수수색이 진행되고, 압수물 분석과 참고인 조사, 그리고 수사의 마무리 단계에서 핵심 관계자 소환 조사가 이뤄지고 나서 구속영장 청구 여부를 결정합니다. 그 시점을 감안해 '압수물 분석은 진행 중이냐', '○○○ 소환은 아직 검토 중이냐'라는 식으로 질문할 수 있겠습니다.

이보다 더 지혜로운 건 취재원 입장을 고려한 질문입니다. 가령 수사 담당자는 '피의사실공표죄' 때문에 수사 중인 사안을 언급하는 자체로 처벌받을 수 있습니다. 그렇다고 기소되어 공개 재판이 이뤄질 때까지 아무것도 알 수 없다면 국민의 '알 권리'에도 반하겠지요. 이 때문에 기자와 수사 담당자는 애매한 줄타기를 하곤 하는데, 질문과 답변 때도 독특한 어법을 활용합니다. 예를 들어, '(물건 담을) 박스는 충분히 준비하셨냐'는 물음에 '그렇죠'라고 답한다면 압수수색이 임박했다는 뜻입니다. '이제 부를 사람 다 부른 것 같은데, 수고하셨다'는 안부 인사 같은 말에 '아직 아니다'라고 한다면 핵심 인물 소환이 아직 무르익지 않았다는 말일 겁니다. 어떤 기사를 언급하며 '오보 誤報 대응까지 할 건 아니잖아요?' 물었을 때 딱히 다른 말이 없다면, 해당 기사의 내용이 얼추 맞다고 간주해도 크게 틀리지는 않겠습니다.

이런 선문답 禪問答을 벌이는 건 '피의사실공표' 논란이 빚어지더라도 기자와 취재원 모두 직접적 책임에서 벗어날 수 있는 여지를 두기 위해서입니다. 요즘 같이 통화 녹음이 일상적일 때는 이마저도 위험을 무릅써야 하는 현실입니다. 그렇다 보니 아예 표정과 목소리에서 맥락을 확인하기도 합니다. 대통령 부인에 대한 검찰 조사 여부가 관심을 모을 때 한 검찰 간부와 얘기를 나누었는데 "원칙과 절차대로 하지 않겠습니까?"라고 언급하더군요. 문자로 표현하면 별 의미가 없지만, 대면해서 들은 목소리의 톤과 눈빛에서는 '수일 내 직접 조사하겠구나' 하는 점을 넉넉히 짐작할 수 있었습니다. 모두 기자와 취재원 모두 서로를 믿고 이해할 수 있을 때라야 가능한 소통법이겠지요.

한 길 사람 속에서 더듬어 찾는 진실

이러한 과정을 경험을 쌓아 나가다 보면 깊은 신뢰를 공유하는 취재원도 하나둘 생기게 됩니다. 굳이 묻지 않아도 특종으로 이어질 핵심 정보들을 그때그때 알려 주는 취재원입니다. 그런 취재원들이 늘어난다면 그야말로 '땅 짚고 헤엄치는' 반열에 오르는 셈이지요. 돈 주고도 살 수 없는 기자의 자산이지만, 반대로 말하면 그러한 인적 네트워크 자산을 확보하고 확장하기란 여간해선 쉽지 않습니다. 기자의 능력과 품성이 갖춰진 채로 오랜 경험까지 축적되어야만 이룰 수 있는 꿈이라고 할까요?

그렇지도 않은데 누군가 대뜸 '기삿거리'를 던져 준다면 이는 일단 경계하고 봐야 합니다. 경험에 비춰 보면 십중팔구 그 또는 그가 속한 조직의 이해관계를 위한 것일 가능성이 높습니다. 그 이익을 높이기 위한 작업에 기자와 기사가 활용될 수 있으니, 그와 반대되는 입장도 꼼꼼히 살펴봐야 하겠지요. 그 과정을 거쳐 오히려 처음 기삿거리를 던져준 이의 기대와는 전혀 다른 기사가 나가는 일도 왕왕 있습니다.

취재원이나 취재 대상이 꼭 사실과 진실을 말하지는 않는다는 사실도 유념해야 합니다. 특히 비리와 의혹의 당사자는 거짓말을 해서라도 진실을 감추고 책임을 회피하는 데 급급한데, 기자는 그에게도 질문을 던지고 답을 들어야 합니다. 대체로 취재를 거의 마무리하면서 반론도 들을 겸 당사자와 접촉합니다.

오래전 제 경우, 사회적으로 물의를 일으킨 유명인에 대해 샅샅이 취재한 뒤 꼭 필요한 해명을 듣고 싶다고 문자 메시지를 남겼습니다. 그와 통화가 이뤄졌고 아니나 다를까, 그는 거짓 해명을 하더군요. 그것을 그대로 기록한 뒤, 곧바로 사전에 파악한 사실 관계를 들려줬습니다. 그러자 자신의 거짓말이 드러난 데 대해 당황하다가 결국 자포자기한 심정으로 질문에 꼬박꼬박 답을 내놓았습니다. 기자들은 이처럼 상대가 거짓말할 가능성을 염두에 두고, 전방위로 취재한 정보들을 정리해 질문의 순서를 정합니다.

취재하다 보면 이른바 '리플리 증후군'도 접하게 됩니다. 미국의 소설가 패트리샤 하이스미스가 쓴 소설의 주인공 이름에서 유래한 리플리 증후군은, 존재하지 않는 허구를 믿으며 현실을 부정하는 증상이지요. 대표적으로는 미국의 명문 대학인 하버드와 스탠퍼드에 동시 입학을 허락받았다고 말한 한국인 소녀의 사례가 있었습니다. 너무나 이례적인 일이라 언론이 대서특필했지만 이내 사실무근임이 드러났습니다. 당시 문제의 소녀는 직접 방송에 나와 자랑스럽게 소감을 밝힌 바도 있으니, 사람들은 어리둥절할 수밖에 없었지요. 탄로 날 수밖에 없는 거짓말을 너무도 태연히 했던 소녀를 이해하기 어려웠습니다. 그런데 A임을 알면서도 B라고 말함을 거짓말이라 한다면, 소녀는 거짓말한 것이 아닐 수 있습니다. 허구를 사실로 간주해 버리는 리플리 증후군에 갇혀 명문대 동시 입학을 진실로 믿어 버렸을 것으로 보입니다.

이러한 리플리 증후군은 궁지에 몰린 사람들에게서 어렵지 않게 관찰할 수 있습니다. 비난에 직면할 때 자기방어에 나서면서 '어쩔 수 없었던 것 아닌가', '누구라도 이렇지 않나'라며 자기 합리화를 시도하고, 이후에는 '내가 뭘 그렇게 잘못했는데?' 하며 스스로 면죄부를 주곤 합니다. 이러한 경향이 강화하면 머릿속에서는 잘못 자체가 없던 일이 되어 버립니다. 가끔 범죄를 저지른 이들과 질의응답하거나 정치적 위기에 놓인 이들과 대화하다 보면 '참 뻔뻔하다'는 느낌을 받는데, 어찌 보면 이들도 크건 작건 리플리 증후군을 겪는 것은 아닐까 싶네요. 그들에게도 다면적 자아, 다양한 페르소나가 있는 것이겠지요.

거짓과 진실, 거짓 같은 진실과 진실 같은 거짓이 뒤엉킨 세상에서 한 길 사람 속을 알기란 참으로 어렵습니다.

기자의 직업 윤리

"대중은 언론인이라는 직업에는 다른 직업과는 비교할 수 없을 정도로 엄청난 유혹이 뒤따른 것도 알고, 언론인이 현재 어떤 여건에서 활동하고 있다는 것도 알기 때문에, 언론에 대해서 한편으로는 경멸하지만 다른 한편으로는 몸을 사리는 비겁한 모습을 보이는 이중적인 태도를 취하는 것이 몸에 배어 있습니다."

100여 년 전 막스 베버는 〈직업으로서의 정치〉를 강연하며 언론에 대해서도 따끔한 지적을 잊지 않았습니다. 끊임없이 사회와 소통해야 하는 직업의 생리를 언급하며 언론인은 유혹에서 자유롭기 어렵고 대중의 경멸을 받고 있다고 꼬집었습니다. 그 지적은 여전히 유효합니다. '기레기'라는 모욕적 표현도 아무런 근거가 없지는 않을 것입니다.

이에 따라 한국기자협회는 윤리강령과 그 실천요강을 마련해 놓았는데, "이해관계가 얽힌 사안의 취재 및 보도 활동에 있어서 취재원에 대해 형평과 공정성을 유지해야 한다", "확증을 갖지 않는 내용에 대한 추측 보도를 지양한다", "기록과 자료를 사용함에 있어서 이를 임의로 조작하여 사용하지 않는다", "지역·계층·종교·성·집단 간의 문제를 다룸에 있어 상호 간의 갈등을 유발하거나, 차별을 조장하지 않도록 보도에 신중을 기한다" 등의 내용이 포함돼 있습니다.

특히 문제가 되는 것은 기자와 취재원 간의 부적절한 관계입니다. 많은 기자가 돈과 힘이 있는 취재원이 제공하는, 크고 작은 접대의 유혹에서 자유롭지 못한 게 현실입니다. 이를 근절하기 위해 각 사별로 더 구체적인 지침을 마련해 놓았습니다. 나아가 <부정청탁 및 금품 등 수수의 금지에 관한 법률(속칭 김영란 법)>은 '언론사의 대표자와 그 임직원'까지 법 적용 대상에 포함시켰습니다. 위 법의 목적이 "공직자 등의 공정한 직무 수행을 보장하고 공공기관에 대한 국민의 신뢰를 확보하는 것"인데, 언론의 공적 역할을 전제하며 그 책임을 부여한 것입니다.

이에 따르면 기자 역시 누군가로부터 1회에 100만 원 또는 1년에 300만 원을 초과하는 금품 등을 받거나 요구해서는 안 되고, 직무와 관련해서는 어떠한 금품 등을 받거나 요구해서는 안 됩니다. 법의 시행령에서는 제공받을 수 있는 한 끼 식사나 경조사비의 금액 한도까지 꼼꼼히 명시했습니다. 2024년 8월 시행령 개정으로 음식물 한도 금액은 3만 원에서 5만 원으로 올랐고, 축의금과 조의금 등 경조사비의 경우 당초와 같이 5만 원으로 설정돼 있습니다. 빈번하게 일어나는 일이니만큼 세부 기준을 정해 논란을 최소화하겠다는 취지입니다.

반대로 드물지만 기자들이 취재원에게 금품이나 향응을 제공해 문제가 되는 일도 있습니다. 본인이 쓰고 싶은 기사를 뒷받침하기 위해 취재원을 매수하려 하는 행위입니다. 때로는 은밀한 이야기를 해 줄 수 있다면서 노골적으로 기자에게 '얼마를 줄 수 있느냐' 물어오는 이들도 있습니다. 사실과 진실이 오염될 수 있다는 점에서 당연히 용납될 수 없는 일들입니다.

이 글을 시작하며 언급한 막스 베버의 주장은 다음과 같이 마무리됩니다.

"우리가 정말 놀라워해야 할 일은 언론인 중에는 인간적으로 탈선하거나 형편없어진 사람들이 많다는 것이 아니라, 외부인들은 쉽게 짐작할 수 없겠지만 방금 앞에서 말한 모든 상황에도 불구하고 언론계 인사 가운데 진정으로 인간답고 훌륭한 사람이 아주 많다는 사실입니다."

이 역시 100년이 훨씬 지난 지금도 유효하다고 봅니다. 다양한 유혹과 도전 속에서도 순수함과 자존감을 지키고 있는 기자들은 의외로 많이 있습니다.

19

애환이 깃든 전장, 기자의 출입처

　　오랜만에 만난 기자들 사이에 안부 인사 첫마디가 무엇인 줄 아십니까? "요새 어디 출입해요?"입니다. 출입처가 그 기자 일상을 좌우할 정도로 중요하다는 의미이죠. 언론사별로 대동소이하지만 CBS의 경우를 예로 설명해 보겠습니다. 보도국 안에는 정치부·경제부·사회부 등 여러 부서들이 있고, 정치부 안에는 대통령실 담당, 정당팀, 외교안보팀 등으로 업무가 나뉘며, 외교안보팀 안에는 국방부 출입 기자와 외교부 출입 기자, 통일부 출입 기자 등이 속해 있는 모습입니다. 누군가 경찰청을 출입하는 기자라고 한다면 보도국 내, 사회부 내, 경찰팀에 속한 일원이라고 보면 되겠지요.

　　출입처를 배정받은 기자들은 해당 기관에 상주하다시피 취재합니다. 말 그대로 해당 기관에 마련된 기자실로 출근하여 그곳에서 퇴근합니다. 물론 기자실 운영비는 언론사들끼리 갹출하여 조달하고요. 기자들은 출입처 내 취재원들과 같은 구내식당을 이용하고 같은 공기를 맡으며 내밀한 정보를 수집합니다. 심지어 퇴근이 늦어진다면 기자실 한쪽 간이침대에서 아예 숙박하기도 합니다. 일본의 취재 환경도 거의 비슷하다고 하고, 미국의 경우 출입처 제도 beat system가 있기는 하지만 이처럼 깊거나 촘촘하지는 않다 하네요.

기자의 일상 대부분이 스민 출입처 내 기자실은 말 그대로 치열한 전장戰場입니다. 생각해 보십시오. 기자실 안에서 매일 얼굴을 보며 지내는 동료는 타사가 파견한 경쟁자인 현실입니다. 겉으로는 상냥해도 속으로는 '어떻게 단독 기사로 저 사람의 콧대를 납작하게 만들까'를 궁리하지요. 그 반대의 결과가 빈번히 일어난다면 본인은 능력이 떨어지는 기자로 인식될 테니 말입니다. 인간미 없게 보이지만, 서로 단독 기사 경쟁을 하지 않는다면 매일 똑같은 뉴스들만 지면과 방송을 채울 테니 건강한 언론 환경을 위한 경쟁은 불가피할 뿐만 아니라 권장됩니다.

이점은 출입처에서도 이해해 줬으면 합니다. 수년 전 한 후배 기자가 배정받은 출입처에서 새로운 팩트를 포착해 단독 기사를 준비했습니다. 당연히 마지막으로 사실 관계를 확인하기 위해 책임자에게 문의하자 그가 출입처 기자단에 해당 내용을 풀하겠다고 밝혔습니다. '풀pool'이란 정보의 공유 내지 일괄 공지를 뜻합니다. 출입처 안에서 특정 언론사가 단독 보도하면 '왜 해당 언론사한테만 정보가 갔느냐' 이러쿵저러쿵 뒷말이 나올 테니 차라리 보도자료를 배포하겠다는 것이었습니다. 이를 보고받은 저는 곧바로 그 책임자에게 강하게 문제를 제기했습니다. 취재 기자의 노력을 무위로 만들려는 것이냐, 이런 식이라면 앞으로 누가 열성을 다해 취재를 하겠느냐, 또 그렇다면 건강한 저널리즘이 존재할 수 있겠느냐 항의했던 기억이 있습니다.

견제의 교두보?, 이해 대변의 장?

이처럼 늘 긴장감이 흐르는 출입처 내 기자실로 각 언론사가 출입 기자를 배치하는 가장 큰 이유는, 비판하고 견제하는 해당 영역을 제대로 학습하라는 취지입니다. 기자가 범할 수 있는 가장 큰 어리석음은 잘 모르면서 비판하는 것이죠. 앞장에서 살펴본 바와 같이 정확히 알아야 질문이라도 올바로 할 수 있는데 말입니다. 기자 출신의 소설가 장강명 작가는 이러한 글을 자신의 SNS에 올린 적이 있습니다.

"애초에 취재 부서마다 취재 문법이 어마어마하게 다르다. 평생 사회부에서만 일한 고참 기자가 문화부장이 되어서 '방탄소년단 인터뷰 따 와' 하고 후배를 쪼았다는 식의 우스개들이 회사마다 있다. 그래서 대부분의 기자들은 자신이 경험해 보지 않은 출입처 기사에 대한 언급을 조심스러워한다. 자신이 모른다는 사실은 알고 있으니까" 2024년 8월 17일, Facebook

같은 맥락에서 누군가 법원 출입 기자에게 예정된 선고 결과가 어떤지 판사를 취재해 보라 한다 해도 말문이 막힐 상황입니다. 판사가 입을 열 리 만무하고, 만에 하나 알게 되더라도 이를 사전 유출한다는 건 사법 정의를 훼손하는 일이기 때문입니다. 또 대통령실 출입 기자가 어딘가로부터 전해 들은 대통령 일정을 단독 기사로 올린다면 보안 사고를 일으킨 격이라 언론사가 그 책임을 져야 할 것입니다. 이처럼 출입처별로 규정과 조직 문화가 상이하니, 장강명 작가 말대로 기자들은 자신이 익숙하지 않은 출입처 이슈에 대해서는 왈가왈부하기를 꺼려합니다. 반대로 말하면, 출입처에 대한 깊이 있는 이해가 전제돼야 제대로 된 기사를 쓸 수 있습니다.

출입처에 대한 이해를 깊이 하다 보면 그편의 시각과 영향력이 자연스레 기자에게 스며들기 마련입니다. 같은 회사 동료, 심지어 가족들보다 출입처 취재원들과 함께 보내는 시간이 더 길 테니, 왜 안 그렇겠습니까. 제 경우 사건기자를 할 때 '대한민국의 여론을 한방에 바꿔 놓는 건 결국 사건·사고들이구나' 생각이 들다가도, 기획재정부를 출입할 때는 '나라를 움직이는 건 돈이고, 예산을 편성하는 정부의 힘이 가장 막강하다' 싶었고, 이후 국회를 출입할 때는 '우리나라를 주무르는 건 누가 뭐래도 여의도일 수밖에 없다' 생각했습니다. 출입처의 중요성이 부각돼 보임과 동시에 그곳의 고민과 한계에도 공감하게 됩니다.

국회 '소통관' 내 위치한 기자실의 내부 모습

이는 시나브로 기자의 시각을 협소하게 만들 수도 있어서, 일반적으로 기자들은 1~3년에 한 번씩 출입처를 바꿔 갑니다. 특히 10

년차 이하에는 가능한 한 다양한 출입처를 경험해 보는 것이 좋다는 게 제 생각입니다. 경찰이나 검찰, 정치권이나 기업 어느 한 곳에 경도되지 않는 종합적 관점을 지니는 것이 무엇보다 중요하기 때문이지요. 익숙한 출입처에서는 취재도 수월하고 성과도 더 나을 수 있지만, '제너럴리스트'로서의 기본 소양을 지닐 때까지는 출입처 이동에 소극적이어서는 안 됩니다. 자칫 안주하다가는 고인물이 돼 사안을 보는 시각 자체가 진부해질 수 있습니다.

더 큰 문제는 기자들의 기사에 출입처의 입장이 노골적으로 묻어날 때 발생합니다. 기자의 세계관이 출입처 사일로 안에 갇힐 때입니다. 특히 경찰 검찰 등 정보 유출을 엄금하는 수사기관을 출입처로 둔다면 취재에 급급한 기자들은 귀동냥이라도 절실해지고, 취재원들의 한마디 한마디에 과도한 의미를 실어 보도하기 쉽습니다. 법원의 확정 판결도 아니고, 죄가 있다고 주장하는 수사기관의 입장을 언론이 대변해 주는 꼴입니다. 이 때문에 무리한 수사로 검찰에 대한 비판의 화살이 쏟아질 때 검찰 출입 기자들 역시 도매금으로 도마 위에 오르기도 했습니다.

폐쇄된 기자실에서 촛불을 켠 이유

'출입 기자'에 대한 깊은 불신을 바탕으로 정부가 팔을 걷어붙이고 기자실 혁파에 나선 적도 있습니다. 노무현 정부는 2003년 출범하자마자 문화관광부를 시작으로 각 부처를 대상으로 '기자실 개편과 개방형 브리핑제'를 실시했습니다. 출입 기자들이 상주하는 기자실을 없애고 브리핑룸을 운용해 그때그때 정책과 이슈들을 설명하겠다는 취지입니다. 언론과의 소통은 공보 담당자로 일원화했고 그 외 공무원들과의 개별적 접촉은 제한됐습니다. 이는 당시 노무현 대통령의 언론관을 반영했는데, 노 전 대통령은 2007년 국무회의에서 "기자들이 기자실에 죽치고 앉아 담합한다"라고 언급한 바 있지요.

기자들이 반발하자 정부는 '취재 지원 선진화 방안'을 추진하며 정책의 강도를 더욱 높였습니다. 당시 경찰청을 출입하고 있던 저는, 다른 출입 기자들과 함께 아등바등 기자실을 지키려 애썼네요. '언론 자유'를 기치로 내건 기자들은 경찰청 기자실을 놓치지 않으려 했고, 정부는 '언론 개혁'을 표방하며 기자실에 전원을 차단하고 문을 걸어 잠그려 했습니다. 출입 기자들이 순번을 나눠 촛불을 켜 놓고 전원이 끊긴 기자실을 24시간 지키는 촌극이 이어졌지만, 경찰은 몸싸움을 벌이며 끝내 기자실을 폐쇄하고 말았습니다. 기자실에서 내쫓긴 출입 기자들은 겨우내 경찰청 로비에서 언 손을 녹여 가며 기사를 송고했네요.

기자실을 폐쇄적으로 운영하는 기자단의 문제가 없지 않고 정부와 국민들이 언론에 느끼는 불신을 모르지 않습니다. 그럼에도 진보와 보수 언론을 가리지 않고 이렇게까지 저항했던 이유는 정책에 따른 부작용을 깊이 우려했기 때문입니다. 실제로 정부의 언론 개혁이 강도를 높이면서 공보 담당자 외에는 일절 취재에 응하지 않았고, 업무 부담이 커진 해당 담당자들은 신속한 대응을 할 수 없게 됐습니다. 또 설립 요건이 까다롭지 않은 인터넷 신문사들이 우후죽순 생겨나 개방된 정부 기자실로 출입 기자들을 대거 등록시키면서 혼란은 심해졌습니다. 이러한 혼란은 취재가 불편한 공무원들이 입을 닫을 수 있는 핑계가 되었고, 내부의 불합리를 외부로 슬쩍 전하려는 공무원들에게는 입을 틀어막는 재갈이 되었습니다.

시간이 흐른 뒤 노무현 정부 언론 정책을 책임졌던 이와 편안히 얘기할 기회가 있었습니다. 그 자리에서 위와 같은 현실을 언급하며 '부작용이 너무 커 취지를 살리지 못했다'고 하자 "그럴 줄은 몰랐다"고 하더군요. 알고리즘 기반 뉴스 사일로를 만든 포털 사이트 책임자가 '이럴 줄 몰랐다'고 말해 저를 아연실색하게 했던 것과 같은 무책임한 답변입니다. 정책과 기술을 적용하기에 앞서 두수 세수 앞을 내다봐야 하지만 그리하지 못한 듯합니다. 정책에 대한 문제 제기도 기자들의 어깃장으로만 여겨 아쉬움이 컸습니다. 결국 정권이 바뀌며 취재 지원 선진화 방안도, 개방형 브리핑제도 유야무야되고 말았습니다.

2008년 3월 24일, 경찰청 기자실이 다시 복원된 뒤 '촛불 기자실' 시대의 마감을 알리는 성명서를 발표하고 있다. 가장 좌측이 필자. ⓒCBS M&C

우여곡절 끝에 출입 기자단과 기자실이 어느 정도 복원된 것은 제대로 된 출입처 기사의 필요성이 인정된 까닭도 있지만, 언론에 대한 통제나 질서 확보는 그 스스로 할 수 있고 그렇게 해야 한다는 인식이 수용됐기 때문일 것입니다. 가령 외교안보 부처나 수사기관은 국익과 국민 안전 등을 이유로 언론에 협조를 요청하곤 합니다. 합당한 요청에 언론은 당연히 엠바고(보도 유예) 설정 등으로 협조하지요. 기자단이 자발적으로 규율을 정해 준수하기 때문에 가능한 일입니다. 갑작스런 재난 현장에서도 수백 명의 기자들이 한꺼번에 몰려 들어 혼돈을 부채질하지 않는 건, 기자들이 손수 풀단pool 團을 꾸리며 질서를 유지하는 까닭입니다. 우리가 관제官制 언론을 받아들이지 않는 이상, 이러한 일들은 언론의 몫입니다.

그럼에도 불구하고 언론도 힘을 가진 이상, 언론에 대한 견제와 감시는 불가피합니다. 이 역시 언론에 맡겨 보면 어떨까요? 아시는 것처럼 언론계 안에는 진보 매체와 보수 매체 등 다양한 성향의 매체들이 병존합니다. 한쪽 내부의 비리를 다른 쪽이 드러내는 일이 비일비재하고, 왜곡된 보도가 있다면 곧바로 이에 대한 반박 보도가 이뤄지는 등 언론끼리의 견제와 감시가 충분히 가능합니다. 언론에 대한 감시를 목적으로 운영되는 언론 매체도 따로 있고요. 부정한 목적을 위한 언론의 결탁은 사실상 불가능한 구조입니다. 언론 개혁 역시, 정부가 아닌 언론과 국민의 손에 맡겨지는 편이 낫습니다.

이 모두를 위해서는 언론과 출입처 취재원 사이에 불가원불가근不可遠不可近의 긴장감이 전제돼야 합니다. 집과도 같은 출입처에서 취재원과 친분을 유지하면서 비판과 견제의 시선을 유지하기란 말처럼 쉽지는 않을 텐데요. 기자 출신의 최수묵 작가가 제시한 가이드라인을 곱씹어 보면 좋겠습니다.《기막힌 이야기 기막힌 글쓰기》책에서 "권력기관을 주어로 삼게 되면 기사는 정보 전달 쪽에 치우칠 수밖에 없다"고 한 그는 "이런 주어로는 이야기를 이끌어 갈 수 없다"고 잘라 말했습니다. 아예 기사의 문법까지 바꾸라는 제안인데, 어떤 경우에도 기자는 출입처 대변자가 되어서는 안 된다는 일침입니다.

20

전대협 진군가를 목놓아 불렀다

출입처, 그리고 취재원들을 상대로는 가깝지도 멀지도 않은 不可遠不可近 거리를 유지해야 하지만, 가장 그러하지 못했던 때가 있었습니다. 정치부에 소속돼 국회를 출입할 때입니다. 이는 출입처의 특성 탓도 있습니다. 이곳에서는 취재원에 대한 일반적인 호칭이 '선배'입니다. 당직자나 의원실 보좌진은 물론, 웬만한 중진 의원이 아니고서는 국회의원들도 '○○○ 선배'로 부릅니다. 여와 야를 가리지 않습니다. 경찰이나 검찰, 법원, 또는 정부 부처에서는 잘 찾아보기 어려운 문화입니다. 경찰서에서 만난 형사들을 대뜸 '형님'으로 불러야 했던 것만큼 처음에는 어색하기 그지없었습니다.

선후배라는 호칭이 자리잡은 것은 그 정도로 같은 고민을 품고 있다, 또는 같은 고민을 품기 바란다는 취지일까요? 기자로서의 연차가 오래되지 않았던 저는 그러했던 것 같습니다. 국회라는 출입처에 푹 빠져, 마치 제가 뭐라도 된 양 정당의 고민을 나눠 가졌던 듯싶습니다. 취재원들과 만나며 정보를 귀동냥하는 것을 넘어 정세 판단을 공유하며 당의 전략을 두고도 토론을 벌이기 일쑤였습니다. 그 무렵 정치권은 '미디어법 파동'으로 극한 대립을 벌였는데, 하루는 당 대표가 제게 전화를 걸어와 '김 기자, 이럴 때 어떻게 해야 돼?'라고 묻더군요. 초년병 기자에게 무슨 조언을 기대했겠습니까마는, 그 정도로 당시 저의 경우 기자-취재원 사이 불가근不可近의 원칙을 지키지 못했습니다.

하지만 거리가 가까워졌다는 게 서로의 이해가 맞아떨어졌다는 뜻은 아닙니다. 거리가 가까워지면 가까워질수록 조금씩 불편한 마음이 자라났습니다. 국회의원들과 보좌진들의 솔직한 마음을 접해 가면서 '정치를 공학적으로 하는구나'라는 생각이 차츰 짙어진 것입니다. 어떻게 하면 선거에서 이길 것인가를 지상 과제로 놓고 어떻게 하면 공천을 받을지, 어떻게 하면 상대방을 면박 줄 수 있을지에 골똘한 모습은 생계형 정치인 그 이상도 이하도 아니었습니다.

물론 뜻을 같이 하는 이들이 정당을 설립하는 목적은 정치 권력을 획득하기 위함이 맞습니다. 하지만 정치 그 자체의 목적이 권력의 획득은 아닐 것입니다. 때로는 대의를 위해 나의 이익을 접을 수 있는 희생도 필요하고, 당장은 욕을 먹더라도 옳은 길로 꿋꿋하게 걸어갈 수 있는 용기도 필요할 것입니다. 그러나 정치권에서 만난 '선배'들의 행보에서 기대한 바를 찾아볼 수 없을 때는, 국민들의 권한을 다름 아닌 그에게 위임해야 할 이유를 모르겠더군요. 모두가 그랬던 것은 아니었지만 당 안팎의 권력 다툼이 격화할수록 실망스런 면면은 늘어났습니다.

더 큰 실망감은 이른바 '386세대'에게 느꼈습니다. 멈췄던 한국의 민주주의 시계를 새로 돌린 그들입니다. 군사 정권의 폭압 앞에 목숨을 걸고 맞섰던 그들입니다. 아무런 대가 없이, 단지 조국을 위해 청춘을 바친 그들입니다. 그로부터 시간이 흘러 우리 사회와 정치권의 중추가 된 386세대는 또 다른 기득권의 한 축이 된 것으로 보였습니다. 어려서 그들을 동경해 온, 정치부 기자가 되어서는 그들을 흠모하며 따랐던 저는 386세대마저 기성 정치권과 다를 바 없게 됐다는 실망감에 어찌할 바를 모르겠더군요.

그런 실망을 곱씹고 있을 때, 때마침 386세대를 대표하는 인물 두 사람과 술자리를 함께했습니다. 당시 '선배, 선배' 하며 친근히 따르던, 그리고 이후에는 당과 정부에서 핵심 요직에 오른 두 사람을 상대로 저의 치기를 거칠게 토해 냈습니다. '과거 선배들이 바랐던 그 사회가 아직 요원하고 어쩌면 더 뒤틀어진 것 같은데, 선배들은 지금 무슨 생각을 하고 있는 것이냐. 선배들이 풀다 만 숙제들을 하느라 후배들이 아등바등하는데, 오히려 그 길을 가로막고 있는 것 아니냐' 쏟아낸 것으로 기억하네요. 그리고 노상 주점에서 거나하게 취한 채로 일어나 '전대협 진군가'를 불렀습니다.

"일어섰다, 우리 청년 학생들! 민족의 해방을 위해. 뭉치었다, 우리 어깨를 걸고! 전대협의 깃발 아래…."

선배들의 그 시절을 기억하느냐고 추궁하듯, 목청 높여 노래했습니다.

386세대가 대거 모여든 1987년 명동성당 집회 모습(자료사진)

이후에도 해소되지 않는 답답함을 이따금 주변에 꺼내 보였습니다. 제가 속한 1970년대생들은 놀라우리만치 똑같은 반응을 내놓았습니다. '386세대는 80년대의 경험을 지속적으로 언급하면서 여전히 과도한 권위와 정당성을 내세운다', '그들이 지닌 능력이 미래는커녕 현재에도 유의미한지 의문이다', '그럼에도 후배 세대들을 어린애 취급하며 바통을 넘기려 하지 않는다'는 게 공통된 반응이었습니다. 정치권, 학계, 언론계, 그리고 관공서와 기업을 가리지 않고 반응은 대동소이했습니다.

이는 386세대에 대한 사회적 재평가가 임박했다는 의미로 다가왔습니다. 이러한 문제 인식에 공감하던 다른 두 명과 의기투합하고 책을 쓰기로 마음먹었네요. 기자 후배로 있다가 정치권에 뛰어든 심나리 작가와, 아예 국회 보좌진으로 사회 첫발을 내딛은 김항기 작가가 그들입니다. 함께 팔을 걷어붙이고 386세대를 분석하기로 하고 몇 번의 기획 회의를 통해 책 내용을 구성하고 그 내용들을 나눠 맡았습니다.

간략히 소개하자면 △ 수십 년째 사회의 헤게모니를 놓치 않고 있는 386세대와 도무지 무대가 주어지지 않는 후배 세대들의 대비, △ 386세대 안에 교조적 문화와 적대적 계파주의가 심어진 이유, △ 민주화 성공의 전리품을 독차지한 386세대의 끝없는 욕망 등을 꼬집었습니다. 또 그들의 이후 행보로 인해 우리 사회의 교육 제도와 부동산 시장, 고용 구조가 왜곡되고 성평등이 미진한 현실을 나열했습니다. 결과적으로 '헬조선'이 만들어진 데 대해 책임을 물을 수밖에 없는 386세대의 미필적 고의를 지적했습니다. 그리하여 제목은 《386 세대유감 - 386세대에게 헬조선의 미필적고의를 묻다》로 정했습니다. 이들은 386을 거쳐 486, 586, 686이 되어가지만, 세대적 정체성이 생성된 시기가 이들이 30대 때였고 그때의 DNA가 아직도 유지된다는 점에서 그대로 '386세대'로 호명키로 했습니다.

혁명의 완결은 세대를 아우르는 팀플레이

2019년 여름, 출간된 직후의 반응은 기대했던 것 이상이었습니다. 보수 진영에 의한 정치적 공격이 아니었던 터라 책 내용의 진정성을 봐주신 덕이 아닐까 합니다. 미디어에서 꽤 조명을 받으며 한 신문은 1면을 비롯해 넓은 지면을 할애해 우리의 주장을 받아 의제를 띄워 주었고, 강준만 교수나 허지웅 작가 등의 인플루언서들도 책을 언급해 주었습니다. 여기저기 강연과 토론회에 초청되기도 하면서, 저널리스트가 메시지를 확산시키는 방법에는 뉴스만 있는 것은 아니구나 하는 점을 생생히 깨닫기도 했네요.

《386 세대유감》 출간 후 참여한 한 토론회에서 발언하는 모습

　　그러나 울림이 커질수록 비판과 반대 의견도 커졌습니다. 책의
출간과 동시에 섣부른 세대론으로 민주화의 주역들을 폄훼해선 안
된다는 목소리가 메아리로 돌아왔습니다. 또 당시 세대 모두를 도
매금으로 매도해선 안 된다는 지적도 널리 퍼졌습니다. 당연히, 집
필을 시작할 무렵부터 각오했던 비판들입니다. 그러한 세대론의 한
계가 있음을 알면서도, 386세대를 재평가할 만한 이유는 충분하
다고 판단했던 것이고요.

　　그런 가운데 이른바 '조국 사태'가 예상치 못한 채로 터지고
2020년 4월 총선이 다가오면서 386세대에 대한 재평가 논란은 더
욱 뜨겁게 달아올랐습니다. 논란은 세대 간 대결이나 진보 대 보수
의 문제로 확산했고, 퇴진론까지 직면한 386세대 당사자들은 분노
어린 서운함을 숨기지 않았습니다. 386세대를 상징하는 우상호 의

원은 당시 방송 인터뷰에서 "우리가 정치 기득권화가 돼 있다고 말하는데 그렇지 않다"며 "약간 모욕감 같은 것을 느끼고 있다"고 밝혔습니다. 386세대의 즉각 퇴진이 우리 저자들의 의도는 아니었지만, 이러한 정쟁의 단초를 만들었다는 이유로 따가운 눈총을 받기도 했네요.

이로 인해 가까운 사람들로부터 나무람을 듣기도 하고, 관계가 틀어지기도 했습니다. 책을 제대로 읽지도 않은 이들이 각자의 입맛대로 내용을 재단해 논란의 불쏘시개로 쓰는 것을 보면서 서운함을 느끼지 않을 수 없었고요. 그때마다 내놓던 해명을 여기서도 덧붙여 봅니다. 386세대에 대한 비판적 평가는 그들에 대한 손절을 의미한 것이 아니었습니다. 끝내 애정을 끊을 수 없던 선배들에 대한 고언이자, 이제라도 '함께' 이뤄내자는 제안이었습니다. "세대를 아우르는 팀플레이가 이루어져야 한다", "세대 독점의 해소는 비록 늦었지만 혁명의 완결로 가는 길일 수 있다"는 책의 결론이 바로 저와 다른 저자들의 진정한 뜻이었네요.

그렇게 애증의 대상이었던 386세대들은 2024년 12월 내란 사태로 재재평가되기도 했습니다. 386세대를 이끌었던 김민석 의원이 윤석열 대통령의 계엄령 선포 가능성을 한발 앞서 주목하고 뜬금없다는 평가를 받으면서도 꾸준히 위험 시그널을 전파했지요. 또 계엄이 선포되자마자 386세대 의원들은 누가 먼저랄 것도 없이 수단과 방법을 가리지 않고 국회 담장을 뛰어넘어 본회의장 입성에 속속 성공했습니다. 민주적 절차가 중단되면서 과거의 운동권 DNA가 일순간 되살아났다고 할까요? 그렇지 않고 그 긴박한 순간에 토론과 언쟁에 급급했다면, 국회가 계엄군에 봉쇄된 채로 계엄 해제가 언제 되었을지 모를 일입니다. 늘 그렇듯이, 평가는 시기와 상황에 따라 달라질 수밖에 없네요.

또한 평가의 주체와 객체 역시 달라지는 것이어서, 이제는 저와 저희 세대 역시 후배들의 평가를 기다리고 있습니다. 언젠가 《386세대유감》 책을 선물받은 한 후배 기자가 제게 말했습니다. "이 책을 꼼꼼히 읽어야겠네요. 그래야 제가 이 다음에 선배 세대를 평가하는 책을 쓰죠." 기쁘게 환영합니다. 스스로 발목을 잡은 채로, 덜 부끄럽게 살기 위해 노력하겠습니다.

21

보석 같은 세상이 그려 내는 기자의 삶

"드르륵 득득 / 미싱을 타고, 꿈결 같은 미싱을 타고 / 두 알의 타이밍으로 철야를 버티는 / 시다의 언 손으로 / 장밋빛 꿈을 잘라 / 이룰 수 없는 헛된 꿈을 싹뚝 잘라 / 피 흐르는 가죽본을 미싱대에 올린다 / 끝도 없이 올린다" 박노해 詩 '시다의 꿈' 중

과거 고된 노동의 상징 같은 직업은 '시다'였습니다. 일본어를 잘못 차용한 시다라는 표현은 미숙련 보조 노동자를 칭할 때 사용됐는데, 특히 견습 재봉사를 보통 시다라고 일컬었지요. '가죽본을 끝도 없이 미싱대에 올려야' 하는 게 시다의 일상이었습니다. 정식 재봉사가 되어도 형편이 크게 나아지지는 않았겠고요. 이런 재봉사들은 관련 산업이 사양길을 걸으면서 그 수가 크게 줄었고, 2000년대 들어서는 서울 창신동 일대에서나 '드르륵 드르륵' 하는 미싱 소리가 골목을 시끄럽게 했습니다.

취재의 기본도 모르던 수습기자 시절 그곳을 찾았습니다. '그늘

진 노동자의 삶'을 주제로 땀 냄새 밴 노동을 기자가 직접 체험하며 사회 현실을 진단해 보라는 취재 지시를 받았습니다. 노동조합에 부탁해 소개받은 곳은 창신동 봉제 골목의 한 공장. 말이 공장이지 오래된 건물 1층에 위치한 열 평 정도 돼 보이는 점포였고, 내부엔 쌓인 옷감과 완성된 의류 사이에 재봉틀 몇 대가 껴 있었습니다. 그리고 네다섯 명의 인부들이 저를 본체만체 재봉틀을 돌리거나 옷더미를 날랐습니다. 제게 주어진 시간은 1박 2일로, 그 짧은 시간에 그들의 노동을 이해함과 동시에 삶까지 파고들어야 했습니다.

　인부들 가운데 가장 말이 없어 보이는, 30대 중후반 무렵의 여성 노동자를 취재 대상으로 삼았습니다. 너스레를 떨어도 경계심이 풀어지지 않자 저는 그저 주변의 옷감 자투리를 정리하거나 이리저리 물건을 옮기면서 벽을 넘어 보려 했지요. 한나절이 지나 조금씩 대화가 시작되면서 조심스레 물었습니다. 하루 일과는 어떤지, 어떤 점이 가장 고된지, 일주일에 며칠을 일하는지 띄엄띄엄 취재가 아닌 듯 질문을 던졌습니다. 서먹함이 잦아들면서 방송을 위해 슬쩍 녹음기를 꺼냈습니다. 민감할 수 있는 질문도 슬쩍 해 보았습니다. 벌이는 어떤지, 부군은 어떤 일을 하는지….

서울 창신동의 한 봉제공장 내부 모습 ⓒCBS M&C

오후엔 초등학교 1, 2학년쯤 되는 어린 딸이 엄마를 찾아 공장으로 왔습니다. 아이는 먼지 날리는 공장에서 간식도 먹고 숙제도 하면서, 미싱을 돌리는 엄마 곁을 밤늦도록 맴돌았습니다. 저는 취재원의 마음을 살 요량으로 살갑게 말을 붙이고 장난도 치며 그 딸에게 다가갔습니다. 이틀간의 취재를 마무리할 때쯤 제법 친해진 아이에게 물었습니다. "아빠는 언제 오셔?" "아빠? 없는데." 앞서 아이의 엄마는 제게 남편이 타지에 돈 벌러 갔다 했지만 사실이 아니었습니다. 엉겁결에 비밀을 알아버린 채, 저는 이틀째 밤이 되어 공장을 나서며 이 가족과도 작별했습니다. 모녀는 제가 사라질 때까지 어둔 골목에 서서 손을 흔들어 주었습니다.

고민 끝에 '아빠의 부재'는 은유적으로 기사에 담았습니다. 곤궁함 속에도 씩씩하게 살아가는 엄마와 어린 딸의 일상을 설명해야 하는데 가족 관계를 아예 언급하지 않을 수는 없었던 탓입니다. 다행히 반응과 평가가 좋아서 이 기사는 '이달의 기자상'까지 받았네요. 그 소식을 전하고 한턱내겠다면서 다시 모녀를 만났습니다. 기사 내용을 두고 혹시나 불만을 품지 않을까 염려했지만 '방송 잘 들었다, 고맙다' 말해 주시더군요. 눈빛 대화로 족해서, 각자의 변명과 해명은 필요 없었습니다. 이날의 푸근한 식사 이후에도 이 모녀가 한동안 눈에 밟혀 이후에도 가끔씩 안부를 물으며 지냈습니다.

기자의 삶에 스며든 다양한 인간 군상

숨가쁘게 반복되는 취재와 보도 과정에 사람이라는 존재는 '뉴스의 소재'만으로 여겨지기 쉽습니다. 그러나 위에서 소개한 제 첫 취재 대상의 경우처럼, 오래도록 깊은 잔상을 남긴 이들도 적지 않습니다. 잔상은 몇 분간의 필름, 몇 컷의 사진처럼 조각들로 흩어져 있더라도 점차 쌓이고 쌓여 제 삶을 채워 갑니다. 그 위에 제 삶의 좌표가 미세하게 이리저리 이동하면서 저만의 인생관이 만들어졌던 것 같습니다. 취재라는 업무로 만났던 다양한 사람들을 통해 인생이란 어떠한 것인지, 어떻게 삶을 살아야 하는지, 또 우리는 무엇으로 살아갈 힘을 얻는지 조금씩 깨달아 갑니다.

그렇게 구성된 제 인생관 중 하나는 '조강지처불하당 糟糠之妻不下堂 빈천지교불가망 貧賤之交不可忘'이네요. 술 찌거미와 겨로 끼니를 이을 만큼 구차할 때 함께 고생하던 아내는 버리지 말아야 하며, 가난하고 천할 때의 친구는 잊지 말아야 한다는 뜻입니다. 어려운 시절의 인연을 각별히 소중히 여겨야 한다는 것은 물론이고, 현재의 모습으로 앞으로의 인연을 함부로 재단해선 안 된다는 취지도 포함하고 있을 터입니다.

돌아보면 실제 그러했습니다. 어려울 때 손잡아 준 인연이 잊히지 않습니다. 보잘것없을 때 도와준 사람이 오래 갑니다. 한창 찬사받는 인물에게 박수를 더해 주기보다 '빈천지교'를 살피는 일이 더 나을 수 있습니다. 조명 밖으로 사라졌던 인물이 어느새 다시 무대에 올라 사람들의 시선을 한몸에 받는 사례도 드물지 않았습니다. 물론 반대의 경우 역시 빈번했습니다. 세상을 호령하다가도 나락으로 떨어지기도 하죠. 부족할 게 없던 고위직 검사가 뜻밖의 수사 대상으로 몰리는 상황에서 저녁을 같이 했는데, 술잔을 쥔 손이 덜덜 떨릴 정도로 그의 마음이 요동치더군요. 또 다른 고위공직자는 정권의 눈 밖에 나 물먹었다며 제게 투덜투덜하더니 얼마 되지 않아

다시 한 자리를 차지한 뒤에는 표정을 바꿔 끼웁니다. 언제 일희일비했냐는 듯이 말이죠. 그래서 삶이 재미있는 것일까요?

그렇게 다양한 인간 군상을 만나 가며 가장 이해가 안 되는 부류가 있습니다. 굳이 가지 않아도 되는 험한 길을, 요행을 바라지 않고 묵묵히 나아가는 사람들입니다. 제가 만난 한 판사도 그런 부류에 속해 보였습니다. 유복한 가정 환경에서 성장한 뒤 명예와 재산, 뭐 하나 빠지는 것 없는 지위에 올랐어도 논란을 일으킬 정도로 약자의 손을 들어 주는 판결을 이어 갔습니다. 단순히 측은지심으로 설명되지 않는 것 같아 언젠가 그 이유를 물으니 '그게 옳잖아요'라는 맥빠지는 답이 돌아왔습니다. '처한 상황에 따라 입장과 시각이 바뀌는 게 인간'이라는, 지극히 현실적인 제 세계관 안에서는 그 답이 부족하게만 느껴졌습니다.

그런데 이런 부류의 사람들은 우리 곁에 오래 머물지 않더군요. 제 주변만 그러한가요? 소위 '먹물' 출신으로 묵묵히 노동 현장을 지키다 노동자가 함께 잘살 수 있는 협동조합을 만들던 활동가, 학생 운동 활동 이후 안락한 선택지를 애써 버리고 소수 진보 정치의 길을 고집스레 지켜간 청년 정치인 등 모두 단명하는 모습을 보며 제 안에 비통함이 차올랐습니다. 로버트 프로스트의 시 '가지 않은 길'에서 "사람이 적게 간 길을 택하였다고, 그리고 그것 때문에 모든 것이 달라졌다"고 말한 화자話者가 연상되기도 합니다. 그처럼 남들이 가지 않는 길을 걷는 이들 안에 제 친구 김민아도 있었습니다.

'가지 않은 길' 위에 별이 된 사람들

2013년 전국언론노동조합 CBS지부 사무국장과 언론노조 소속의 노무사로서 우리는 처음 만났습니다. 한 살 터울의 우리는 비슷한 형편의 같은 동네 출신, 같은 대학 동문이라는 공통점을 바탕으로 금세 친구가 되었습니다. 대학교에서 법학을 전공한 그녀는 활동가와 생활인을 겸할 수 있는 선택으로 노무사의 길을 택했고, 금속노조를 거쳐 언론노조 등에서 맹활약했습니다. 힘없이 고통당하는 이들은 따뜻하게 감싸 위로해 주었고, 온당하지 않은 일을 맞닥뜨릴 때면 포효하며 싸웠습니다. 이 무렵 방송사 노동조합 조합원이라면 그녀의 이름을 한 번쯤은 들어 봤을 정도였지요.

제가 노조 전임자로서의 임기를 마친 뒤에도 김민아는 취재원으로, 취재 자문역으로, 나아가 인생의 동지同志로 인연을 이어 갔습니다. 때때로 대화하고 토론했습니다. 생각이 같으면 같은 대로 다르면 다른 대로 달라지는 노동의 의미에 대해, 혼돈스러운 세상에 대해, 젊은 날의 꿈에 대해 의견을 나누었습니다. 옳고 그름을 두고 목소리를 높여 주장하다가도 좀처럼 바뀌지 않는 현실을 마주하며 같이 한탄하기도 했습니다.

그런 김민아가 처음 암 투병 소식을 전했을 때 놀란 마음을 애써 억누르며, 건강 챙기라는 시그널이니 이제 천천히 쉬엄쉬엄 가자고 얘기했습니다. 그리고 이후 자신의 삶을 이모저모 돌아보는 그녀에게 "이제 그만 전향하면 어때요?"라고 웃으며 물었습니다. 김민아는 회원으로 있는 '노동인권 실현을 위한 노무사 모임(노노모)'을 깊이 사랑했는데, 그 모임 회칙의 중요한 내용 중 하나는 '사용자 사건을 수임해서는 안 된다'는 것이었습니다. 변호사와 마찬가지로 노무사 역시 어느 편을 대리하느냐에 따라 수입이 크게 달라지는데, 노노모는 이처럼 어떤 모임에서도 볼 수 없는 제한을 두고 있습니다. 노노모를 탈퇴하며 사용자 사건을 수임하겠다 하면 그만이지만, 그렇게 '전향'할 김민아가 아니었죠. 저는 그런 그녀가 안쓰러우면서도 존경스러웠습니다.

몇 년이 흘러 암을 거의 치료했다고 안심하던 무렵 재발 통고를 받았고, 김민아는 운동과 미술 활동으로 두려움을 잊으려 했습니다. 짐짓 태연하게 '다시 시작이네요. 또 넘어서면 되죠' 하고 격려하는 제게도 불안감이 쌓였습니다. 그 불안만큼 삶의 소중함이 깊어지던 2023년 11월 메신저상에서 오가던 대화가 뚝 끊겼습니다. '대상포진에 걸렸대요'라는 마지막 말 이후 연락이 닿지 않던 그녀에게 연거푸 전화했고, 한참 지난 어느 날 전화가 덜컥 연결됐습니다. "정훈 님, 회사에 무슨 일 있어요? 근데 머리가 아파서, 여기가 어디인지 잘 모르겠어요." 생의 마지막 길목, 병원에 입원해 정신이 혼미해지는 단계에서도 제 걱정부터 먼저 해 주던 김민아였습니다.

할 수 있는 건 기도밖에 없었습니다. 그녀를 아는 회사 내 동료들과 매일 함께 모여 기도했습니다. 일을 하다가도 굵은 눈물이 투둑 쏟아졌습니다. 면회가 제한된 가운데, 병상을 지키던 지인을 통해 상태를 전해 들었습니다. 그리고 부탁했습니다. "CBS 직원들이 민아 님을 위해 간절히 기도하고 있다고, 김정훈이 늘 항상 깊이 고마워했더라고 꼭 전해 주세요." 지인이 이 말을 전달하자, 그녀는 이미 의식을 잃은 가운데도 마치 듣고 이해한다는 듯 눈물을 흘렸다 하더군요. 마침내 12월 7일 김민아는 하나님 품에 안겼습니다.

장례식은 그녀다웠습니다. 자신의 장례식에서 울릴 음악과 내걸 그림을 스스로 미리 정해 놓았습니다. 수많은 사람이 애도했지만 그저 울기만 한 것은 아니었습니다. 그녀가 바라는 이별 장면이 아니거든요. 저도 마찬가지였습니다. 김민아가 가끔씩 저를 마냥 친한 친구로 대할 때 하던 말이 떠올랐습니다. "야, 김정훈! 재밌게 살아!" 꾸짖음이 담긴 그 조언을 실어 자신을 유쾌하게 기억해 달라는 게 그녀의 바람임을 잘 알고 있습니다.

영광스럽게도 김민아의 영결식에서 기도 순서를 맡은 저는 그녀를 세상에 잠시 내어 주신 하나님께 감사하며, '김민아는 하나님의 전령사였다'고 고백했습니다. 남들이 가지 않는 길을 택한 김민아의 말과 행동, 또 그녀의 삶을 통해 하나님은 인간이 깨달아야 할 의미와 진리를 보여 주셨다고 생각합니다. 김민아뿐만 아니라 '다른 이들이 가지 않은 길, 그러나 누군가는 가야 할 길'을 택한 우리 주변의 고귀한 영혼들이 모두 하나님의 전령사들 아니었을까요?

별이 된 노동자의 벗, 김민아(1979~2023)

재봉틀을 돌리던 싱글맘을 만날 때부터 노동자의 벗이었던 김민아를 떠나보낼 때까지. 그 사이에 취재원으로 만난 사명감 충만한 경찰 공무원들, 지혜로운 법조인들, 더 나은 세상 만들자던 정치인들, 정직하고 우직한 관료들, 미래를 선도하는 기업인들, 그리고 사건의 한 대목이나 역사의 고비마다 의미 있는 벽돌 한 장 한 장이 되어 준 시민들 모두 기자가 아니었다면 쉽게 만나지 못했을 아름다운 보석이었습니다. 기자의 삶은 아무래도 세상이 그려 내 주는 듯합니다.

저널리즘 심폐소생, 정죄와 자조를 넘어

22

혀 차는 당신 뒤로 누군가는 문제를 푼다

운전대만 잡으면 사람들 성격이 더 포악해진다 하죠. 굳이 운전 대를 잡지 않아도, 차를 가진 사람들은 주차 문제로도 한껏 예민 해집니다. 저도 한두 번 경험해 본 것이 아니고요. 그중 한 번은 국회를 출입할 당시, 국회 경내 주차장에서 일어났습니다. 주차장에 세워 둔 제 차를 빼서 서둘러 회사로 들어가야 했는데, 육중한 차량 한 대가 제 차 앞을 떡하니 가로막고 있었습니다. 제 차 왼편으로는 연석 緣石을 경계로 화단이 있었고, 오른편으로는 다른 차량들이 줄지어 주차돼 있어 육중한 차를 치우는 게 유일한 해법으로 보였습니다. 그러나 당연히 주차 브레이크가 풀려 있을 줄 알았던 차는 힘주어 밀어도 꿈쩍하지 않았고, 남겨진 연락처도 전혀 없었습니다.

회사에서 뉴스를 준비해야 할 시간이 다가오면서 화가 치밀어 올랐습니다. 가까운 건물에 뛰어들어가 문제의 차량 운전자를 찾는다 말하며 그야말로 발을 동동 굴렀네요. 벌겋게 상기된 제 표정을 보고 관리인 두 분이 주차장으로 따라나서 주셨습니다. 그 곁에서 제가 '경찰에 신고를 해야 한다, 국회 전체에 방송 안내를 할 수 없느냐'고 붉으락푸르락 투덜투덜했는데 어느 틈에 관리인 한 분이 나무 고임목 두어 개를 갖고서 연석 주변을 이리저리 살펴보았습니다.

"여기에 나무를 받칠 테니까, 바퀴를 이쪽으로 꺾어 보세요."

제 차 왼편의 연석에 고임목을 받쳐 바퀴가 이를 타고 올라가게 해 보자는 것이죠. 급한 대로 차를 화단 위로 올려 빠져나가게 해 보자는 취지였는데, '그게 가능한가' 싶어 화가 쉽게 누그러지지는 않더군요. 떠밀리 듯 시동을 걸고 그분의 지시에 따라 핸들을 조정해가며 차를 조금씩 움직였습니다. 바퀴 하나가 화단으로 올라서자 그분은 다시 고임목 위치를 조정해 갔습니다. 조심스레 다른 바퀴들도 하나씩 화단 위로 올리고 같은 고임목을 활용해 화단 아래로 다시 차를 내리기까지 몇 분. 결국 차가 완전히 주차장을 빠져나오자, 관리인 두 분은 감사하다는 제 말을 뒤로 하고 별일 아니라는 듯 고임목에 묻은 흙을 툭툭 털어내며 돌아갔습니다. 팔짱 낀 채 '글쎄요, 어떻게 하죠?' 되뇌어도 상관없을 그분들은, 정작 당사자가 짜증만 발산하는 동안 차분히 문제를 풀어냈습니다.

이런 적도 있습니다. 큰 비가 내린 뒤 도로 곳곳에 물웅덩이가 생긴 어느 날입니다. 차들이 지나가면서 도로 가장자리에 고인 빗물이 사방으로 튀더군요. 그 지점을 앞두고 제 차의 속도를 줄이는 사이 한 할머니가 그곳에 다가갑니다. 작은 카트에 종이 박스 몇 개를 싣고 가던, 이른바 '폐지 할머니'였습니다. '그렇지 않아도 위험한데 왜 그러실까' 하는 시선으로 할머니를 지켜봤습니다. 근처에 다가가 보니 할머니는 손에 든 나뭇가지를 휘휘 저어가며 빗물

고인 배수로 안의 낙엽들을 치우고 있었습니다. 낙엽이 집수정을 가리면서 빗물 웅덩이가 만들어진 것인데, 그 낙엽들을 걷어 내고 있던 것이죠.

배수로 낙엽을 걷어 낸 뒤 다시 폐지를 줍는 할머니의 모습을 부랴부랴 사진으로 담았다.

제 기억 속 깊이 새겨진 깨달음의 장면들입니다. 누군가 쯧쯧 혀를 차거나 화를 못 참고 욕지거리나 할 때, 다른 누군가는 문제를 풉니다. 그 당사자가 제가 아니었다는 생각에 부끄러움이 지속됐습니다. 그 무렵 읽었던 책이 《케네디가의 형제들》입니다. 존 F. 케네디의 동생이자 상원의원을 지낸 에드워드 케네디가 쓴 자서전 성격의 책입니다. 미국 정치의 명문인 케네디가家의 일대기를 700쪽이 넘는 분량(현암사 출간본의 경우)으로 담았는데, 책의 한 대목을 빌어 방대한 내용을 한 줄로 요약하자면 "케네디가 사람들은 불평하지 않는다"는 것입니다. 어떤 시련과 도전 앞에서도 불평하

지 않고 담담히 문제를 풀어내는 자세가 케네디 가문을 위대하게
만들었습니다.

"케네디가 사람들은 불평하지 않는다"

이를 계기로 기자라는 직업을 돌아보게 됐습니다. 아시다시피
기자는 비판과 지적, 문제 제기에 익숙한 직업입니다. 또 앞서 기자
의 언어와 PD의 언어를 비교하면서 기자는 '종합적으로 구성'하는
PD와 달리 '분석적으로 해체'한다고 말씀드렸습니다. 그렇다 보니
기자의 직업적 성향은 있을 법한 부정과 위험, 실패를 찾는 데 맞
춰져 있습니다. 새로 무언가를 도모해 보자며 기자들끼리 모여 회
의를 하면 '이건 이래서 문제, 저건 저래서 문제…' 하면서 결국 아
무런 결론을 내지 못하는 경우가 종종 있습니다. 어떤 사안을 두
고도 끝없이 문제를 지적하는 기자들의 모습에 누군가 '비판이야
쉽지'라며 혀를 찬다면 할 말이 없을 지경입니다.

물론 근거 없는 청사진과 사탕발림 약속들 속에 사회가 부정부
패나 위기로 치닫는다면 그것만큼 최악의 수는 없을 것입니다. 안
일함이 키우는 오류에 누군가는 몸을 내던져라도 경종을 울려야
한다는 점에서, 날카롭게 깨어 있는 기자 정신은 반드시 필요합니
다. 하지만 아무리 기자라 해도 그것만으로는 부족하죠. 더 나은
사회, 더 나은 조직을 이루기 위해서는 결국 필요한 것을 만들어
내는 능력을 갖춰야 합니다. 실패에 따른 책임을 감수하면서 말입
니다. 그래서 저는 한때 파괴적 destructive 업무를 벗어나 건설적
constructive 업무에 매달려 보았습니다. 첫 경험은 2년간의 노동조

합 전임자 활동이었고요.

오너owner가 없는 회사의 특성상 CBS에서는 노동조합이 회사의 미래를 준비할 수밖에 없습니다. 임기가 정해진 경영진보다 오히려 더 멀리 내다보며 직원들의 이익을 꾸준히 높일 책임이 노조에 있기 때문입니다. 만약 인기에 영합한 경영진이 대책 없이 임금을 올리고 직원들을 대규모 채용한다면, 이를 제어할 수 있는 건 노조밖에 없습니다. 사장은 짧은 몇 년간의 성과로 평가받고 물러나겠지만 조직은 항구적이어야 해서, 노조가 경영의 안정성을 위해서도 역할을 해야 하는 것이지요. 다른 노조에서는 찾아보기 어려운 모습입니다. 그렇다 보니 가끔 '어용御用' 아니냐는 비판을 받기도 합니다.

노동조합 사무국장으로 있으면서 저는 평가 보상 제도 도입과 지역국 효율화 문제에 천착했습니다. 당시 회사에는 이렇다 할 평가 제도가 없어서 차등적 보상이 이뤄지지 않았는데 이를 개선할 필요가 있었고, 열 곳이 훌쩍 넘는 CBS 지역 네트워크를 두고도 넓은 범위에서 선택과 집중이 절실했습니다. 언뜻 보아도 여느 노동조합의 과제가 아니지요? 자연스런 저항과 비판 속에 조합원들과 열띤 토론을 했던 기억이 생생합니다. 아쉽게 제도로 구현하는 데는 실패했습니다.

그로부터 수년이 흘러서는 회사의 기획조정실 정책기획부장을 맡았습니다. 말하자면 노사 협상 테이블에서 정반대의 위치에 앉은 것이지요. 역시나 위와 같은 해묵은 과제를 풀기 위해 노력했고, 변화하는 미디어 환경에 대응할 수 있도록 회사 내부를 정비하는 과제들이 연달아 떠안겨졌습니다. '정책 기획'을 위해서는 조직 관리는 물론 인사, 노무, 재무회계, 마케팅을 모를 수 없어서 부랴부랴 경영학 책을 펴들고 공부했습니다. 2년 6개월의 기간 동안 성공보다는 실패가 많았고 이해 못지않은 오해도 쌓였지만, 시간을 돌린다 해도 다시 선택할 귀중한 경험입니다.

비판과 지적을 넘어 건설하는 constructive 경험이 쌓이면서 하고 싶은 것과 할 수 있는 것들은 더 늘어납니다. 한국 사회의 여러 문제점을 두고 뒤에서 개탄만 할 수는 없다고 생각하던 차에, 마음 맞는 사람들과 같이 포럼도 키워 보았습니다. 각 분야 전문가들과 이슈별 대안을 모색해 나간 포럼은 이후 유의미한 정당으로 성장했습니다. 정당 활동이 금지된 저는 그 직전에서 거리를 두게 되었지만요. AI 기술이 기존의 문법들을 통째로 바꿔 내는 현실을 지켜보면서는 스터디 모임을 통해 이를 학습한 뒤, 정부 지원을 받아 AI 콘텐츠 플랫폼도 함께 개발했습니다. 모두 날선 비판이나 팔짱 낀 관전의 허무함을 극복하고자 하는 발버둥이었습니다. 기자의 직업적 한계를 벗어나고 싶은 몸부림이기도 합니다.

눈앞에 보이지 않는 플랜 B를 찾아라

그런데 어찌 보면 파괴적 건설 destructive construction 을 위한 역량은 기자의 DNA 안에 잠재돼 있다는 생각도 듭니다. 현실에서 '만듦'은 다양한 난제들을 수반하죠. 가능한 인력이 충분치 않고, 인력이 있다 해도 의견이 조율되지 않고, 의견이 합치해도 재원은 늘 부족합니다. 이때 필요한 것이 플랜 B plan B 입니다. 플랜 B란, 천 리 길을 가려다 칠팔백 리를 가는 것으로 만족한다는 단순한 의미가 아니죠. 기존 논의의 틀을 뛰어넘는 제3의 해법을 뜻합니다. 이는 맨땅에서 취재의 실마리를 찾기 위해 수시로, 탄력적으로 전략을 수정해야 하는 기자들에게 생소하지 않습니다.

가령 북한의 핵 위협에 노출된 한국이 '핵무장을 할 것이냐, 안 할 것이냐' 하는 논의 안에 맴돈다면 문제를 해결하기 어렵습니다. 정보력을 바탕으로 미사일 방어 체계를 구축함과 동시에 핵무기에 필적할 수 있을 재래식 무기를 확보함이 해법일 수는 없을까요? 탄두 중량 8t으로 핵폭탄 위력에 버금간다는 '현무5'의 개발이 그러한 취지일 것입니다.

제가 노사를 넘나들며 정책을 설계하고 문제의 해법을 모색할 때도 마찬가지였습니다. 나름 최선의 목표는 정했지만 순조롭게 달성되는 경우는 사실상 전무했습니다. 그보다는 A안이 막혔을 때 B안을 떠올려야 했고, C안과 D안이 충돌할 때는 E안을 찾아야 했습니다. 안보 분야의 중요한 경구 중 하나로 'Think the Unthinkable 생각할 수도 없는 것을 생각하라'이라는 말이 있는데, 대부분의 경우 그렇더군요. 플랜 B는 테이블 위에 놓인 또 다른 선택지가 아니라, 지금 당장은 눈에 보이지 않는 대안이었습니다.

그런 플랜 B를 마련할 수 있는 능력, 즉 '기획력'은 무無에서 유有를 끄집어내는 기자가 실력을 한껏 뽐낼 수 있습니다. 비판과 지적이라는 기자의 습성에만 매몰되지 않는다면 말입니다. 결국 기자라는 같은 직업을 갖고 있어도 자세와 태도에 따라 누군가는 손가락질하며 자족하겠지만 다른 누군가는 답이 없는 상황에 어떻게든 답을 도출해 냅니다. 후자와 같은 역량은 연차가 쌓일수록 더 긴요합니다. 조직을 이끌게 되면서는 한계와 결핍 속에 오히려 더

창발적 아이디어를 내놓아야 할 책임이 주어지는 탓입니다.

심지어 의도적으로 '있음'을 '없음'으로 돌리라는 흥미로운 제안도 있습니다. EBS 사장을 지낸 김유열 PD는 저서 《딜리트》에서 "일부러 딜리트하지 않으면 모든 것이 만고불변의 진리처럼 보이기 때문에 딜리트해야 한다"면서 "진리처럼 믿어지는 것이 진리가 아니라고 판명될 때, 딜리트의 효과는 극대화된다"라고 말했습니다. 어린 시절 블록놀이를 할 때도 모든 조각이 갖춰진 채 설명서대로 쌓아 간다면 도전과 성취의 쾌감을 느낄 수 없었죠. 차라리 모양이 서로 다른 블록 조각들이 사라지고 남은 조각들로만 작품을 완성해야 할 때, 보이지 않던 또 다른 형체가 머릿속에 그려집니다. 비로소 창조가 이뤄지는 것입니다.

언론이 맞닥뜨린 수많은 문제도 이렇게 풀어내길 희망합니다. 작아지는 영향력에, 떨어지는 명예에, 줄어드는 재원에 기자들이 낙담하지만 플랜 B는 반드시 존재할 것입니다. 탄식하고 자조하는 대신, 전에 없던 해법을 찾아낼 수 있습니다. 그 과정은 우리에게 만만찮은 수고를 요구하겠지만 넉넉히 도전할 가치가 있습니다. 그리스어 '칼레파 타 칼라Χαλεπά Τά Καλά'는 아름다운 일은 쉽게 이뤄지지 않음을 뜻합니다만, 반대로 보면 쉽게 이뤄지지 않는 일에 대한 도전이야 말로 진정 아름답습니다.

23

또 다른 민주주의, 뉴스의 수익 모델 확보

[종합일간지 10곳 중 6곳 이단 홍보… '이단' 그림자 드리운 언론계]
2024년 12월 30일 〈국민일보〉에 실린 기사 제목입니다. 종합일
간지 10곳을 대상으로 한해 동안의 이단·사이비 단체 관련 기사
를 조사해 보니 모두 222건이나 되었다 합니다. 신문은 "일간지에
게재된 홍보성 기사를 살펴보면 이단 단체들의 사회봉사 활동과
전시회 소식, 교주 인터뷰 등의 내용이 주를 이뤘다"며 "몇몇 기사
는 기사를 쓴 기자 이름이 없는 이른바 '광고형 기사'로 파악됐다"
고 보도했습니다. 권위를 자랑하는 종합일간지들이 이단·사이비
단체의 활동까지 홍보해 주는 건 물론 돈 때문입니다.

신문과 방송을 아우르는 레거시 미디어의 주요 수입원은 광고였
지만, 광고 물량의 상당수는 SNS 플랫폼 등으로 옮겨간 지 이미 오
래입니다. 그렇다 보니 신문들의 경우 수익이 된다면 홍보성 기사,
광고형 기사를 가리기 어려운 형편입니다. 최근엔 방송계의 경영난
이 특히 심화하고 있습니다. 2024년 6월 방송통신위원회가 내놓은

'2023 회계연도 방송사업자 재산 상황 요약' 자료에 따르면, 2013년 2조 원이 넘던 지상파 방송 광고 매출액은 10년 만에 1조 원 이하로 떨어졌습니다. 당장 먹고 살 일이 빡빡해졌으니 언론사는 과거의 권위를 내려놓은 채 마른 수건 쥐어짜는 경영에 내몰리고 있습니다.

미디어 업계에서 관록 있는 신문사와 방송사의 현실이 이러하니 그 수를 헤아리기 어려운 중소 인터넷 매체의 사정은 어떨지 짐작되지요. 붉디붉은 레드오션에서 생존을 목적으로 광고주를 향해 손을 벌려야 합니다. 손을 벌린다는 건 점잖은 표현이고, 실제로는 '짜깁기 뉴스'를 지렛대 삼아 광고비를 뜯어 가기도 합니다. 이처럼 거칠게 묘사할 수밖에 없는 건, 가까이에서 그 행태를 낱낱이 지켜봤기 때문입니다.

모 기관에서 홍보 업무를 맡았던 제 아내와, 기자에서 기업의 홍보 담당자로 전직한 동료들이 전해 주는 바에 따르면, 기자의 명함을 가진 협박꾼이 드물지 않았습니다. '기자가 불쑥 찾아와 불리한 기사 안 쓸 테니 몇 백만 원이라도 달라 하더라'는 얘기를 전해 들으면 제 얼굴이 화끈거립니다. 문외한 눈에는 그나저나 같은 기자로 볼 테니까요. 이제는 '일부 인터넷 매체'에 국한된 사례가 아니어서, 들으면 알 만한 웬만한 언론사 역시 '기사를 빼거나 제목을 바꿔줄 테니, 광고비 좀 내달라' 요구하는 사례가 드물지 않습니다.

기업이 아닌 정부와 공공기관 등을 상대로는 언론의 읍소가 답지합니다. 기업들의 경우 언론사 광고 물량 자체의 씨가 마를 지경이니 아직은 그나마 여유 있는 쪽에 타진하는 것이죠. 반대급부가 없을 수 없어서, 정부 광고는 우호적인 관계에 있는 또는 우호적인 관계를 약속한 언론사에 더 많이 배정되는 경향을 보입니다. 정부가 과거 보도 지침으로 언론을 통제했다면 이제는 광고로 언론을 쥐락펴락할 수 있는 구조입니다.

참담한 언론 현실이 우리나라만의 문제가 아니라면 그나마 다행일까요, 아니면 더욱 절망적인 걸까요? 몇 해 전 미국에서 유력한 한 지역일간지 편집국을 방문했습니다. 다수의 퓰리처상 수상 실적을 갖춰 역사와 전통을 자랑하는 곳이지만, 침체의 분위기는 역력했고요. 흥미로운 건, 신문 못지않게 지역 특산품을 판매하는 데 열을 올리고 있었다는 점이었습니다. 뉴스만을 팔아서는 답이 없음을 절감한 데 따른 자구책입니다. 오죽하면 이럴까 싶은 건, 전세계 모든 언론인의 마음일 터입니다. 어딘가 경영난을 면한 언론사가 있다고 하면 대개 권력자의 소유가 돼 기득권을 공고히 하는 데 악용되기 일쑤이고요.

새로운 활로를 열었다고 평가받는 거의 유일한 사례는 미국의 뉴욕타임스 NYT 아닐까요? 2014년엔 혁신 보고서를 내며 언론 스스로의 각성과 변화를 촉구하기도 했지요. 하지만 그 이면이 썩 유쾌한 것만은 아니었습니다. 송의달이 펴낸 《뉴욕타임스의 디지털 혁명》에 따르면, NYT는 2008년부터 2017년까지 모두 여섯 차례의 명예퇴직을 실시했고 편집국에서는 2014년까지 세 차례 감원이 이뤄졌습니다. 그 자리를 디지털 엔지니어들이 상당수 채웠는데 디지털 혁명과 콘텐츠 다변화를 위해 DNA를 갈아 버린 셈입니다. 현재 NYT의 기자 수는 3,000명이 넘고 저널리즘을 중심으로 다양한 콘텐츠 생태계를 갖췄습니다. 저널리즘 업계를 넘어 콘텐츠 업계 안에서 규모의 경제를 이룬 모습으로, 깊이 참고할 만하지만 현재 한국의 언론들이 이를 그대로 차용하기에는 한계가 있습니다.

미국의 대표 언론사 NYT의 모습 (출처: 위키피디아)

'언론 없는 정부'로 가지 않기 위해

요컨대 세계 도처의 저널리즘 업계 대부분은 마땅한 수익 모델을 발굴하지 못한 채 서서히 가라앉는 형국입니다. 이 때문에 돈 한푼에 급급해 권위와 명예를 내던집니다. 그래도 답이 보이지 않으면 어쩔 수 없이 비용 절감을 위해 인력 감축까지 단행합니다. 인터넷 매체나 신문은 말할 것도 없고 비교적 고용 안정성이 높다고 여겨졌던 방송사도 위기에서 자유로울 수 없지요. 글을 쓰고 있는 이 순간도 지상파 방송사의 정리해고 풍문이 들려옵니다. 이미 간판을 내렸거나 개점휴업 상태에 놓인 매체들도 적지 않습니다. 새로운 세대와 손을 맞잡고 이 위기를 극복하면 좋겠으나, 기자가 되겠다는 예비 언론인들의 수마저 과거에 비해 줄어드는 현실입니다.

위기 아닌 곳이 어디 있느냐며 괜한 '밥그릇 문제'로 떠들지 말라 하면 할 말이 없습니다. 하지만 이 위기를 풀어내지 못한 채 시간이 흐르면 결국 '언론 없는 정부' 상황을 마주할 수밖에 없습니다. 미국의 3대 대통령을 지낸 토머스 제퍼슨은 '언론 없는 정부'보다 '정부 없는 언론'을 택하는 편이 낫다 했지만 말입니다. 우리가 언론을 사회적 공기公器라고 인정하는 동안에는 언론의 건강한 수익 모델 확보는 사회가 함께 풀어야 할 지상 과제입니다.

이를 위해, 발등에 불이 떨어진 국내 언론사 다수가 우선 매달리는 건 유튜브입니다. TV든 라디오든, 인터넷 홈페이지든 자체 플랫폼을 갖고 있지만 각자의 콘텐츠를 떼어다 유튜브 플랫폼에 올려 구글Google로부터 수익금을 분배받는 방식입니다. 몇몇 레거시 언론들은 수백만 구독자를 확보하며 기존에 없던 수익을 창출해 내고 있고, 이를 노리는 '유튜브 언론'도 우후죽순 등장했습니다. 하지만 레거시 언론의 경우 유튜브에 의존하면 의존할수록 자체 플랫폼이 더욱 약화된다는 모순이 발생하고, 유튜브를 비롯한 외부 플랫폼 위에서는 수익 일부만을 배정받는 제약 외에 각 언론 특성에 맞춘 독자적 광고 모델을 설계할 수 없다는 한계도 있습니다.

더 큰 문제는 수를 헤아릴 수 없는 유튜브 크리에이터들과 '조회수'와 '구독자'라는 같은 목표를 두고 경쟁을 벌여야 한다는 점입니다. 이를 기준으로 한다면 더 자극적이거나 더 극단적 성향의 콘텐츠가 수익 창출에서 비교 우위를 갖곤 합니다. 가령 윤석열 전 대통령이 12·3 내란 사태로 체포되는 날까지의 일주일간 유튜브 슈퍼챗(후원금) 금액을 분석해 보니 진보 성향 유튜브 채널 중 상위 5곳이 1억 3,400만 원을 가져갔고, 보수 성향 채널 중 상위 5곳이 1억 2,500만 원을 벌어들였습니다. 유튜브 채널 순위 집계 플랫폼 '플레이보드'의 분석 결과인데, 레거시 언론들도 쉽게 기대할 수 없는 성과입니다. 부럽기는 해도 앞서 12장을 통해 유튜브로 강화되는 사일로 세계관의 문제점을 짚어 본 입장에서는, 이들과 경쟁해 가며 '한국 언론의 미래는 유튜브에 있다'고 말하기엔 곤란한 측면이 있습니다.

또 다른 해법으로 일부 언론은 프리미엄 콘텐츠를 표방하며 유료화를 도모하고 있습니다. 인터넷 접속만으로 온갖 뉴스를 무료로 접할 수 있는 현실 속에 '우리 뉴스를 보려면 돈을 내야 한다'는 승부수를 던지는 것이죠. NYT가 1,200만 구독자를 갖추며 유료화에 성공적으로 안착하면서 국내 유수의 신문들도 각기 프리미엄 유료화에 도전했습니다. 그러나 현재까지 눈에 띄는 성공 사례는 찾기 어렵습니다. 돈을 내고서라도 보겠다는 프리미엄 콘텐츠를 지속적으로 생성하기도 어렵고, 그렇다 한들 프리미엄 뉴스 내용을 베낀 콘텐츠들이 곧바로 뒤를 이으면 첫 보도의 고유성은 이내 사라지는 까닭입니다. "○○○ 보도에 따르면…"이라는 사족을 달아 남의 기사를 제 기사인 양 버젓이 내거는 게 한국 언론의 현실입니다. 인용의 흔적조차 표시하지 않는 기사들도 부지기수입니다. 이러니 프리미엄 유료화가 정착하기 어렵지요.

콘텐츠의 변화를 통해 새로운 수익 모델을 찾으려는 언론들도 있습니다. 요즘 광고주들에게 각광을 받는 건 '브랜디드 콘텐츠 branded contents'로, 신문과 방송을 막론하고 소구력 높은 콘텐츠 안에 광고 대상을 자연스럽게 녹이는 방식입니다. 상품이나 기업 브랜드를 직접적으로 드러내는 대신 슬며시 표현해 오히려 광고 효과를 높일 수 있습니다. 영화나 드라마 속 PPL product placement과 유사합니다. 비슷한 맥락에서 신문의 경우 기사 형태의 광고를 싣기도 합니다. '애드버토리얼 advertorial'이라 하는데, 광고 advertisement 와 편집 기사 editorial 의 합성어입니다. 광고주는 이러한 유형의 광고를 더 선호하지만, 기사와 광고가 혼재한 데 따른 염려를 하지 않을 수 없습니다. 이밖에 언론은 공익적 성격의 행사나 캠페인을 수행하며, 여기에 협찬 광고를 받기도 합니다. 뉴스와 콘텐츠에서의 수익 모델 자체를 사실상 포기한 채 부동산 개발과 같은 전혀 다른 사업으로 눈을 돌리는 언론사들도 적지 않습니다.

뉴스에 대한 정당한 보상, 민주주의의 토대

위의 사례들을 살펴봐도 아직 명쾌한 돌파구가 보이지 않지요? 뭇 언론들의 고민이 여기에 있습니다. 발상의 전환을 통한 플랜 B가 필요한 시점이고요. 저는 뉴스가 제값에 팔리는 구조를 만드는 것, 그 정공법이 도리어 플랜 B라고 봅니다. 각종 포털사이트에 널린 게 뉴스여서 '뉴스는 공짜'라는 인식이 이미 굳어진 것 아니냐 할 수 있겠습니다. 그러나 각종 음원도 한때는 MP3 파일에 실려 공짜로 거래되던 때가 있었습니다. 웹툰이나 웹소설에도 처음엔 정당한 가격이 붙지 않았고요. 기술과 법규, 인식이 바뀌면서 자연스럽게 유료화가 이뤄졌고 이후엔 관련 산업이 건강하게 규모를 넓혀 갔습니다. 따지고 보면 뉴스라는 콘텐츠만 무료의 수렁에 갇혀 있는 게 이상한 실정입니다.

그 웅덩이에서 벗어나자면, 마찬가지로 기술과 법규와 인식이 달라져야 합니다. 각 기자의 땀과 노력이 허무하게 사라지지 않도록 개별 뉴스의 고유성이 블록체인과 AI 기술을 통해 보호받을 수는 없을까요? 쉽게 복제되지 않고, 복제되더라도 반드시 원래 기사가 노출되도록 할 수는 없을까요? 다른 뉴스를 인용할 수는 있어도, 반드시 하이퍼링크 hyperlink를 통해 쉽게 원래 기사로 찾아갈 수 있도록 하면 안 될까요? 뉴스 포털도 각 기사들의 고유성을 분석해 그 상이한 결과를 바탕으로 언론사와 수익을 공유할 수는 없을까요? AI가 가장 최신의 정보를 끌어오기 위해 크게 기대는 것이 뉴스 콘텐츠라면, 뉴스를 크롤링하는 AI 업체들이 정당한 비용을 내도록 할 수는 없을까요? 이를 위한 법과 규정의 뒷받침도 필수입니다. 어쩌면 인식의 변화란, 이와 같은 시도의 결과가 아니라 이러한 시도를 하도록 하는 단초일 수 있습니다.

또한, 공익적 성격을 띤 언론사의 경우 '공정성과 객관성'이라는 합당한 책임을 부과하고 정부가 간섭 없이 지원할 수도 있을 것입니다. 영국의 BBC 모델이죠. 시민들이 비용 부담 없이 뉴스를 접할 수 있도록 하기 위함입니다. 이는 정권이 바뀜에 따라 언론 지형이 180° 바뀌는 우리나라 정치의 제도와 문화가 먼저 달라져야 한다는 전제가 있기는 합니다. BBC가 공영방송의 롤모델로 여태 남아 있을 수 있는 건, 영국 내 정권이 교체되어도 BBC가 받는 영향은 제한적이었던 탓입니다. 종합하면, 언론의 건강한 수익 모델 확보란 불가능한 숙제는 아닐 것입니다.

저는 회사의 마케팅 담당자를 만날 때 '여러분이야말로 실천하는 민주주의자들'이라고 말했습니다. 뉴스·시사 콘텐츠 등을 팔아 수익을 내고, 이는 CBS가 계속해서 저널리즘을 이어갈 수 있는 원천이 되기 때문입니다. 이곳뿐만 아니라 상당수 언론사들이 건강한 수익 창출 노력을 포기하지 않는 덕분에 저널리즘이 아직은 존

속하고 민주주의가 숨 쉴 수 있습니다. 앞으로도 이 구조가 지속 가능하도록, 변화된 환경에 맞춘 새로운 수익 모델들이 속속 찾아지길 기대합니다. 그 고민과 노력에 함께하는 시민이 있다면 그 누구라도 진정한 민주주의자입니다.

24

저널리즘과 기술, 격돌과 상생

코로나19 바이러스가 한창 창궐하던 2020년 10월, 포털사이트 '네이버'가 재미있는 공모전을 마련합니다. '나눔 AI 보이스 공모전'이라는 타이틀의 행사는 일반인을 상대로 목소리를 채록해 AI 보이스로 제작한 뒤, 누구라도 이를 활용할 수 있도록 하겠다는 계획을 담았습니다.

2020년 네이버가 마련한 '올해의 목소리 展' 이벤트 화면 캡처

당시 AI 음성 합성 기술인 '클로바 보이스'의 NES Natural End-to-End Speech Synthesis System 활용도를 높이기 위한 취지였을 것입니다. 모두 8,000여 명이 지원했고 이 중 딱 10명의 목소리를 네이버가 선택했습니다. 그 10명 안에 놀랍게 저까지 포함됐습니다.

AI 목소리를 제작하는 방식은 이러했습니다. 선정된 10명은 네이버가 준비한 400개의 짧은 문장을 읽어 이를 스마트폰으로 녹음합니다. 이렇게 녹음된 파일 분량은 약 40분 정도로, 네이버는 이를 바탕으로 AI 보이스를 제작해 냅니다. 현재는 더 짧은 분량으로도 AI 보이스 제작이 가능하지만, 그때 당시에는 깜짝 놀랄 만한 기술 수준이었습니다. 무료로 공유된 AI 보이스 서비스를 이용하면, 입력된 텍스트가 순식간에 제 자연스런 목소리로 출력됐습니다. 신기할 정도로 실제 제 목소리와 닮았고요. 일부 유튜브 콘텐츠에서 제 목소리가 나레이션으로 이용됐고, 이를 알지 못한 지인은 해당 클립을 우연히 접한 뒤 '언제 이런 유튜브를 만들었느냐' 물어 올 정도였습니다. 현재는 제 목소리가 더 이상 공유되지 않지만, AI의 충격을 남들보다 일찍 직접 느껴 본 경험이었습니다.

기술의 발달이 콘텐츠를 근본적으로 탈바꿈시킨다는 사실은 이보다 10년 전인 2010년 산업부에서 IT 분야를 담당할 때 깊이 깨달았습니다. 사람들의 관심은 애플이 아이폰에 이어 내놓은 아이패드에 꽂혀 있었습니다. 아이폰 출시가 이미 모바일 콘텐츠 혁명을 일으켰던 뒤였는데, 거의 같은 기능을 탑재한 채로 사이즈만 커졌을 뿐인 기기 device에도 폭발적 관심이 모아졌습니다. 기대 대로 아이패드의 출시는 또다시 콘텐츠의 다변화를 이끌어 냈습니다.

콘텐츠 산업은 콘텐츠 Contents, 플랫폼 Platform, 네트워크 Network,

디바이스 Device가 결합된 이른바 C-P-N-D 생태계로 이뤄져 있습니다. 이 중 어느 영역이 부각되는가에 따라 생태계의 주도권이 달라집니다. 기자와 PD를 비롯해 콘텐츠 제작자 입장에서야 'C' 영역에 무게가 실리길 바라지만, 최근의 현실은 콘텐츠 영역이 다른 영역에 종속되는 경우가 더 많아 보입니다. 디바이스의 발달이 어떻게 콘텐츠의 변화를 일으키는가는 위에서 잠시 언급했고요. 유튜브와 넷플릭스를 비롯한 플랫폼의 발달로 인해 콘텐츠 형태와 제작 구조가 완전히 바뀌었음도 우리는 잘 알고 있습니다. 또 현재 5G로 불리는 네트워크의 기술력이 발달함에 따라 대용량 데이터의 전송 속도가 획기적으로 빨라져, 전에 없던 콘텐츠의 생성이 가능해집니다.

인류의 역사를 돌이켜봐도 세상을 급변케 한 건 단연코 기술이었습니다. 독일의 경제학자이자 역사학자인 프리드리히 엥겔스가 1844년 '산업혁명'이라는 말을 처음 사용한 이래, 세상의 흐름은 새로운 기술의 출현에 따라 구분됩니다. 증기기관이 이룬 1차 산업혁명, 전기의 활용이 촉발한 2차 산업혁명, 컴퓨터의 개발과 확산이 만들어낸 3차 산업혁명에 이어 지금은 인공지능과 로봇 기술 등에 의한 4차 산업혁명 진행기라고 말합니다. 산업혁명을 거칠 때마다 사람들의 삶은 이전과 확연히 달라져 왔고요.

기술이 바꿔 놓은 저널리즘의 명암

언론도 마찬가지입니다. 신문과 방송으로 현대 저널리즘의 토대가 마련된 후에도 기술은 끊임없이 언론의 변화를 요구해 왔습니다. 제가 입사했던 2003년 이후만 짚어 봐도 인터넷 신문의 급격한 확산이 있었고, 모바일 인터넷이 가능해졌으며, 스마트폰이 도입돼 모바일 콘텐츠가 대세로 떠올랐습니다. 현재는 페이스북, X, 인스타그램, 유튜브를 망라하는 다양한 SNS가 기존 뉴스 플랫폼들을 대체하고 있습니다. 플랫폼과 네트워크, 디바이스가 진화하면서 취재와 보도는 기존의 시간과 공간상 제약을 무너뜨렸습니다. 바뀐 여건에 맞춰 언론사들은 업무 방식은 물론 조직 구조까지 개편해 나갔고, 결과적으로 뉴스라는 콘텐츠도 달라지고 있습니다.

그러나 기술의 진보가 꼭 삶의 풍요로 귀결되지는 않습니다. 스웨덴의 인류학자 헬레나 노르베리-호지가 1970년대 인도 최북단 라다크 지역을 돌아본 뒤 쓴 《오래된 미래》에는 이런 대목이 있습니다.

"수도에서 살고 있는 나의 언니는 일을 더 빨리 해 주는 온갖 것을 가지고 있어요. 옷은 상점에서 사기만 하면 되고, 지프차, 전화, 가스쿠커를 가지고 있어요. 이 모든 것이 그토록 시간을 절약해 주는데도 언니를 만나러 가면 나하고 이야기할 시간도 없대요."

역사학자 루스 슈왈츠 코완 역시 1900년대와 비교해 1960년대 여성의 가사 노동 시간을 살펴보니 바뀐 게 없음을 확인했죠. 이러한 현상을 '코완의 패러독스'라고 부릅니다.

기자의 일상도 그러합니다. 기술 개발의 목적이 편리함의 제고일 텐데 어찌된 영문인지 삶의 질은 좀처럼 나아지는 것 같지 않습니다. 취재와 보도가 시간과 공간의 제약 없이 가능하다는 것은, 시간과 공간의 제약 없는 경쟁으로 이어졌습니다. 과거에 가능했던 '지금, 이곳에서는 불가능하다'는 변명의 여지가 사라졌습니다.

이로 인해 지시와 문의, 정보를 실은 메신저가 밤낮 가리지 않고 울립니다. 뉴스를 다양하게 제작할 수 있다는 자유는, 뉴스를 다양하게 제작해야 한다는 숙제로 뒤바뀌어집니다. 취재에 AI의 도움을 받을 수 있다는 선택은, 왜 취재에 AI를 적극 활용하지 않느냐는 압박이 되어 버립니다.

유발 하라리는 《사피엔스》에서 "농업 혁명은 역사상 최대의 사기였다"고 잘라 말했지요. 생산량이 늘어나 인류는 더 풍족해지고 여유 시간은 늘어날 것 같았지만 오히려 이전보다 더 열심히 일하고 더 열악한 식사를 먹게 됐다는 것입니다. 이는 누구의 책임인가라는 질문에 유발 하라리는 "범인은 한 줌의 식물 종, 밀과 쌀과 감자였다"면서 "이들 식물이 호모 사피엔스를 길들였지, 호모 사피엔스가 이들을 길들인 게 아니었다"고 지적합니다. 기술을 덧입은 새로운 개념의 뉴스가 기자들을 길들이는 것과 같습니다.

이른바 '저널리즘의 기술적 혁명'에 따른 문제는 기자들에게만 해당되는 내용은 아닙니다. 독자와 시청자들의 마음도 양가적일 듯합니다. 필요한 정보들이 그때그때 제공된다는 장점도 있지만, 쏟아지는 정보들을 억지로 욱여넣어야 한다는 강박에 사로잡혀 있지는 않을까요? 하루에 접할 수 있는 뉴스의 수가 과거와 비교되지 않을 정도인데, 그만큼 사람들이 더 지혜로워졌는지도 의문입니다. 반대로 도저히 감당할 수 없는 정보량에 눈을 감아 버리거나, 뉴스의 선택을 알고리즘에 맡겨 종합적 판별력을 포기하는 어리석음을 키운 건 아닌가도 걱정입니다.

더욱 큰 문제는 기술이 저널리즘을 붕괴시킬 수도 있다는 점입니다. 알고리즘 체계가 사일로 세계관을 만든 문제는 앞서 지적했습니다. 허위 사실을 진짜인 듯 퍼나르는 가짜 뉴스 fake news 문제는 AI 기술을 타고 그럴 듯한 사진과 영상을 만들어 내는 데 도달했습니다. 가짜가 판치니 뉴스 자체의 신뢰도는 더욱 실추할 수밖에 없습니다. 여기에 AI 봇 bot 을 악용한 허위 트래픽에 대한 염려도 커지는 가운데, 이러한 기술이 여론을 제멋대로 조종할 수 있는 단계에 이를 것이라는 암울한 전망도 나옵니다.

저널리즘 침범하는 빅테크, 이에 맞선 언론은?

궁금한 건 테크 tech 업계의 입장입니다. 기술을 바탕으로 저널리즘의 수준을 한층 높였다는 공功도 있지만, 트래픽 장사에 급급해 저널리즘의 목적은 도외시했다는 과過도 짊어진 게 현실입니다. 테크 업계는 우리가 왜 저널리즘까지 챙겨야 하느냐 볼멘소리를 할 수도 있겠지요.

인터넷 포털사이트가 모든 콘텐츠를 흡수해 가던 2000년대 중반 이에 대한 논란이 시작됐습니다. 뉴스가 주로 소비되는 곳 역시 '네이버'와 '다음' 등인데, 이는 과연 언론인가를 두고 갑론을박이 펼쳐진 것입니다. 뉴스를 생산하지 않으니 언론이 아니라는 주장과, 개별 뉴스를 편집해 대규모 공급을 하니 언론이라는 주장이 맞붙었습니다. 대개 문제가 발생했을 때 논란이 펼쳐지니 포털 업체는 '언론이 아니다'라며 책임을 회피하려 했지만, 포털 뉴스 담당자의 68.6%는 자신을 언론인으로 인식했다는 흥미로운 연구 결과(박혜준. 2006. 포털 뉴스 담당자의 역할 인식과 기사 특성 간의 연관성 연구 [석사학위 논문, 서강대학교])도 있습니다.

그로부터 20년 가까운 시간이 흐른 2025년 2월, 한국언론진흥재단은 '2024 소셜미디어 이용자 조사' 결과를 발표했습니다. 이에 따르면 소셜미디어를 통해 뉴스와 시사 정보를 이용한 적이 있다는 응답이 35.9%로 나타났고 주로 이용하는 서비스는 유튜브였습니다. 또 이러한 소셜미디어가 언론의 역할을 수행한다는 응답이 65.1%를 차지했습니다. 침몰하는 레거시 미디어 사이에서 과거 인터넷 포털이 언론의 자리를 대신 차지했다면, 이제는 유튜브가 그 패권을 이어받은 셈입니다.

그런데 유튜브와 같은 소셜미디어 SNS 플랫폼은 언론의 책임을 인식하고 있을까요? 알고리즘을 바탕으로 여론 지형을 바꿔 내고 사회 구조에 영향을 끼치고 있음이 자명한데, 이에 따른 무거운 책임감을 느껴야 하지 않을까요? 현재의 민주주의 위기가 테크 업계의 무책임함에서 비롯됐다는 주장이 아니라, 저널리즘에 관한 공과를 테크 업계가 인식한 뒤 위기를 극복할 해법을 함께 도모하자는 주장을 꺼내는 것입니다.

요즘은 또 다른 우려도 생겨납니다. 2025년 1월, 미국의 트럼프 대통령 2기 취임식에 내로라하는 빅테크 거물들이 대거 참석한 모습을 본 이후입니다. 일론 머스크 테슬라 CEO, 제프 베이조스 아마존 창업자 그리고 순다르 피차이 구글 CEO, 마크 저커버그 메타 CEO 등이 그들입니다. 이들이 직간접적으로 영향을 미치는 플랫폼을 살펴보면 X 일론 머스크, 유튜브 순다르 피차이, 페이스북 및 인스타그램 마크 저커버그 등이 있고, 제프 베이조스는 미국의 유력 일간지 워싱턴포스트를 소유하고 있습니다. 트럼프 대통령은 1기 시절 빅테크 기업들과 갈등을 빚었고, 워싱턴포스트는 트럼프를 상대로 날선 비판을 주저하지 않았다는 점을 떠올리면 2기 취임식 장면은 이례적입니다.

이를 두고 플랫폼 빅테크 기업들이 트럼프 대통령과 적극적 관계 개선에 나섰다는 분석이 제기됐습니다. 플랫폼 업계와 트럼프 행정부 사이의 결탁을 염려하는 목소리까지 나옵니다. 당시 엘리자베스 워런 민주당 상원의원은 "빅테크 억만장자들은 트럼프 취임식에서 앞줄에 자리를 잡았다. 심지어 트럼프 내각 지명자들보다 더 좋은 자리를 차지했다는 점이 모든 것을 말해 준다"라고 일갈했습니다. 실제로 제프 베이조스의 워싱턴포스트는 그해 2월 '개인의 자유와 자유 시장이라는 두 가지 원칙을 지지하고 옹호하는 칼럼을 매일 쓸 것'이라고 선언했습니다. 테크 업계는 앞으로도 자발적으로, 또는 권력에 등 떠밀려서라도 언론을 좌지우지할 가능성이 큽니다. 세상에 군림하고자 하는 빅테크 기업일수록 더욱 그러할 것입니다. 이는 단지 미국만의 문제가 아닐 테고요.

이에 맞선 언론인들의 각성이 절실합니다. 그러자면 기술 분야를 알아감이 급선무입니다. 언론을 아는 테크니션과, 기술을 모르는 언론인 사이 격돌에서 누가 이길지는 자명합니다. 저도 2020년 AI 보이스에 충격을 받은 뒤, AI 이슈 등을 학습하는 언론인 모임 '기술과 저널리즘'을 함께 만들어 수년간 운영했던 이유가 거기에 있습니다. 언론에 영향을 미치는 현재의 기술 수준을 정확히 알고, 이를 토대로 다가올 현실을 전망해 내야 합니다. 언론인답게 올바른 역사관과 철학을 담아 기술 패권의 폐해와 부작용을 최소화해야 합니다.

동료 언론인 등과 함께 이어간 '기술과 저널리즘' 모임의 한 장면

인간에 유익한 기술이 되도록 먼저 방향성을 제시해 줄 수도 있겠지요. 가령 새로운 기술이 언론의 건강한 수익 모델을 만드는 데 힘을 보태도록 하면 어떨까요. 알고리즘이 역방향으로 작용해 개인이 성향에 맞지 않는 뉴스도 함께 섭렵하도록 권장하는 체계를 만들거나, AI 기술을 활용해 개별 뉴스에 신뢰도가 표시될 수 있도록 할 수는 없을까요. 더 나은 저널리즘, 더 나은 민주주의를 만들기 위해 언론인들과 테크니션들이 머리를 맞대야 합니다.

한편에서는 AI의 급격한 부상으로 인간의 모든 노력이 무의미해졌다는 허무한 인식도 확산하고 있습니다. 이에 대해서는 AI 전문가인 KAIST 문화기술대학원 박주용 교수의 주장을 귀담아 들을 필요가 있습니다. 그는 《미래는 생성되지 않는다》라는 책에서 "(사실 확인조차 잘 못하는) '스스로 말하는 사용 설명서'의 위상을 벗어나지 못한 언어 AI를 둘러싼 지금의 하이프는 사그라들 수밖에 없다"고 단언합니다. 이어 "오히려 스스로를 돌아보지 않고 기술이 흘러가는 대로 몸을 맡긴 채 목소리를 높이는 호사가들이 판치는 지금이야말로 '인문학을 아는 과학기술', 즉 인간을 이해하는 과학기술이 더 중요해지는 시점이라고 본다"고 밝혔습니다. 언론을 이해하는 기술, 기술을 섭렵하는 언론 모두가 매우 중요해진 시점입니다.

AI 기술을 활용한 취재 보도

　엄청난 속도로 진화하는 AI 기술을 활용하기 위한 노력은 언론
계 안에서도 계속되고 있습니다. AI 기술이 처음 선보였던 무렵에
는 증시證市나 스포츠 경기 결과를 기계적으로 기사화하는 방식이
눈길을 끌었습니다. 챗GPT가 모습을 보인 뒤에는 긴 글을 요약하
거나, 제목을 제안받고, 기사와 관련한 이미지를 제작하는 방식 등
으로 AI 기술이 활용됐습니다. 이 책에서도 앞서 오픈AI의 이미
지·동영상 제작 솔루션 '소라SORA'를 통해 생성한 이미지들을 첨
부해 보았고요. 최근에는 각자의 필요에 따라 더욱 다양한 방식으
로 AI 기술을 취재와 보도 과정에 이용하고 있습니다. 여기서는 제
경험을 바탕으로 몇 가지 사례를 들어봅니다.

　○ 취재의 포인트 찾기
　2025년 3월, 전국적으로 산불이 기승을 부렸습니다. 이때의 산
불은 역대 최악의 사례로 꼽혔지만, 사실 매년 봄철이면 산불은 늘
주요 뉴스로 다뤄집니다. 취재 포인트도 크게 달라질 것은 없다는
얘기입니다. 이때 저는 챗GPT에 다음과 같이 묻고, 그에 대한 답
을 얻었습니다. 좋은 참고가 됐음은 물론입니다.

> 봄철 산불이 기승을 부리고 있어. 이에 대한 기획 기사를
> 준비하는데, 과거에 참고할 만한 기사 사례를 찾아줘.

> 좋아, 봄철 산불에 대한 기획 기사로 참고할 수 있는 사례들을 몇 가지 정리했
> 어. 아래 기사들은 산불의 원인, 피해, 대응 정책 문제 등을 다룬 심층적인 보
> 도들이야:

1. 한겨레 - "산불 '원인 미상' 절반… 잊을 만하면 덮쳐온다" (2023.03)

- 산불 원인의 불명확성과 반복적인 산불 피해를 다룬 심층 기사.
- 산림청 통계 기반으로 분석하며, 제도적 대응의 한계를 짚음.

2. 경향신문 - "봄철마다 반복되는 대형 산불… 인재인가, 천재인가"

- 대형 산불이 인재(人災)인지 천재(天災)인지 묻는 구조로 전개.
- 산림 정책, 방재 예산의 문제점 지적.

3. SBS 탐사보도 - '산불의 습격' 기획 시리즈

- 대형 산불 발생 이후, 방재 시스템과 대응 체계를 구조적으로 분석.
- 드론, 위성 등 첨단 장비 도입의 현실과 한계도 다룸.

4. MBC - "10년 전에도 지금도… 되풀이되는 봄 산불, 왜?"

- 과거 대형 산불 사례와 현재 상황을 비교하며 정책 개선이 미흡했음을 지적.
- 주민 인터뷰 및 현장 중심의 접근.

5. 시사IN - "산불도 계층화된다"

- 산불 피해가 지역 주민의 소득·거주지와 어떻게 연관되는지를 분석한 독특한 시각.
- 불평등한 재난 피해 구조를 드러냄.

이 기사들 중 관심 있는 시리즈나 주제가 있다면, 그에 맞춰 더 구체적인 분석이나 연관 기사도 찾아줄 수 있어. 어떤 주제를 중심으로 기획하고 있어?

○ 취재의 실마리 찾기

2024년 11월 19일, 현대자동차 울산공장에서 연구원들이 질식했다는 속보가 올랐습니다. 지하 작업장도 아니고, 자동차 공장 연구원들이 질식했다는 것을 납득하기 어렵더군요. 사고에 대해 바로 챗GPT에 물었습니다.

> 2024년 11월 19일 울산 현대자동차 공장에서 일어난
> 질식 사고에 대해 설명해줘.

2024년 11월 19일 오후 3시 19분경, 울산 북구에 위치한 현대자동차 울산공장 4공장 실험실에서 차량 테스트를 진행하던 연구원 3명이 질식하는 사고가 발생했습니다. 이들은 병원으로 이송되었으나 모두 사망하였습니다. 노컷뉴스

사고 당시, 연구원들은 복합환경 팸버 차량 테스트를 수행 중이었으며, 오후 12시 50분경 실험실에 들어간 후 주행 시험을 마친 뒤에도 나오지 않아 확인한 결과, 차량 내부에서 쓰러져 있는 상태로 발견되었습니다. INNEWS

현재 경찰과 관계 당국은 정확한 사고 원인과 경위를 조사 중에 있습니다.

출처 🌐📱

낯선 표현이 나와 다시 물었고, 챗GPT는 곧바로 이번 사고와의 연관성까지 알려줍니다. 그만큼 취재 시간을 단축할 수 있었습니다.

> 위 사고에 원인으로 지목되는 팸버 차량 테스트라는 것이
> 무엇인지 설명해줘.

팸버(PAMBER) 차량 테스트는 자동차 연구개발 과정에서 차량의 성능과 안정성을 확인하기 위해 수행되는 특정 환경 시뮬레이션 테스트입니다.

이 과정에서 **PAMBER**는 다양한 환경 조건(예: 고온, 저온, 고습, 저습, 고도 등)을 재현하여 차량이나 그 부품이 이런 극한 환경에서 어떻게 작동하는지 평가하는 데 사용됩니다.

특징 및 과정:

1. 시뮬레이션 환경 조성:

- 특정 온도, 습도, 압력 조건을 인공적으로 설정
- 극한의 상황에서 차량이 견딜 수 있는 성능을 검증

2. 테스트 목적:

- 차량의 내구성과 안정성 확인
- 온도 변화에 따른 배터리, 엔진, 연료 시스템, HVAC(냉난방) 시스템 성능 점검
- 차량 실내 공기질 및 가스 배출 측정

3. 실험 방식:

- 차량을 밀폐된 공간에 배치하고 특정 조건을 시뮬레이션
- 차량 내외부의 반응을 감지 센서로 측정

사고와의 연관성:

이번 사고는 테스트 중 밀폐된 공간에서 발생했으며, **유해 가스 배출**(예: 일산화탄소, 질소산화물 등)이 적절히 배출되지 않았을 가능성이 있습니다.

- 테스트 공간은 밀폐도가 높아 질식 위험이 크며, 환기 시스템에 결함이 있거나 안전 프로토콜이 지켜지지 않았을 경우 사고 위험이 증가합니다.

이런 사고는 실험 중 환경 관리(예: 공기 순환) 및 안전 장비 착용의 중요성을 다시 한번 강조하는 사례입니다.

○ 어렵고 복잡한 상황 쉽게 이해하기

2025년 3월, 기업회생절차를 밟는 홈플러스 측은 "매입채무유동화를 상거래채권으로 취급하기로 결정했다"고 밝혔습니다. 무슨 뜻인지 아십니까? 저는 바로 챗GPT에 물었습니다.

> '매입채무유동화를 상거래채권으로 취급하겠다'는 말을 쉽게 설명해줘.

물론이죠! 이 문장을 쉽게 풀어서 설명해 볼게요.

'매입채무 유동화를 상거래채권으로 취급하겠다'는 말은,

기업이 외상으로 물건을 사고 갚아야 할 돈(매입채무)을 금융기관이 대신 지급하고, 그 권리를 금융기관이 갖게 된 경우에도 그것을 단순한 금융거래가 아니라 원래의 상거래(물건 사고파는 거래)에서 생긴 채권처럼 보겠다는 뜻이에요.

좀 더 쉽게 예시로 볼게요:

1. **A회사**가 **B회사**에서 부품을 외상으로 샀어요. (이게 **매입채무**예요.)

2. 그런데 A회사는 바로 돈을 못 주니까, 은행이 대신 B회사에 돈을 먼저 줍니다.

3. 그러면 이제 A회사는 은행에 갚아야 하죠. 이 과정을 **매입채무 유동화**라고 해요.

4. 그런데 이렇게 되면 원래는 '금융기관과의 돈거래'처럼 보일 수도 있는데,

5. **이걸 그냥 금융거래가 아니라, A와 B 사이의 정상적인 거래에서 생긴 외상 값처럼 취급하겠다**는 거예요. 즉 **상거래채권처럼 보겠다**는 말입니다.

이런 식으로 처리하면 회계나 세무, 신용평가 같은 데서 **실제 거래가 있었다 는 걸 인정받을 수 있고, 회사에 불리하게 보이지 않을 수도 있어요.**

필요하면 더 쉽게, 혹은 다른 관점에서도 설명해 줄게요!

○ 자료를 바탕으로 기사쓰기

자료를 찾아서 순식간에 기사화하는 것도 어렵지 않습니다. 한 가지 사례를 흐름에 따라 보시죠.

> 산업연구원 2024년 하반기 경제 전망 데이터 보여줘.

산업연구원(KIET)이 발표한 2024년 하반기 경제 전망에 따르면, 국내 경제는 다음과 같은 흐름을 보일 것으로 예상됩니다:

- **경제 성장률:** 연간 2.5% 성장 전망, 이는 반도체, 자동차, 조선 등 주력 산 업의 수출 호조에 기인합니다. ifs.or.kr +2
- **민간소비:** 고물가와 고금리의 장기화로 실질 구매력이 약화되어 1.8%의 미약한 증가세를 보일 것 으로 예상됩니다. ifs.or.kr +3
- **설비투자:** 반도체 업황 개선에도 불구하고 높은 자금조달 비용과 대내외 불확실성으로 인해 2.3% 의 제한적 증가세가 예상됩니다. ifs.or.kr +2
- **건설투자:** 건설자재 가격 안정화에도 불구하고 부동산 경기 둔화와 신규 인허가 감소 등으로 1.5% 감소할 전망입니다. kocham.org +2
- **수출입 전망:** 반도체와 자동차 등 주력 산업의 호조로 수출은 8.3% 증가 하고, 수입은 1.4% 늘어날 것으로 예상됩니다. 이에 따라 연간 무역수지는 335억 달러 규모의 흑자를 기록할 것으로 보입니다. ifs.or.kr +2

이러한 전망은 글로벌 경제 상황, 지정학적 리스크, 국내외 정책 변화 등에 따 라 달라질 수 있으므로, 최신 정보를 지속적으로 확인하는 것이 중요합니다.

🔄 출처

2024년 하반기 경제 전망 (산업연구원)

	지표	2024년 하반기 전망치
1	경제성장률	2.5%
2	민간소비 증가율	1.8%
3	설비투자 증가율	2.3%
4	건설투자 증가율	-1.5%
5	수출 증가율	8.3%
6	수입 증가율	1.4%

다음은 산업연구원이 발표한 2024년 하반기 주요 경제 지표 전망을 정리한 표입니다. 필요한 지표를 더 추가하거나, 다른 기관(예: KDI, 한국은행)의 전망과 비교해 보고 싶다면 말씀해 주세요! [>_]

위 데이터를 기반으로 경제 기사를 작성해줘.

물론이야. 아래는 산업연구원의 2024년 하반기 경제 전망 데이터를 바탕으로 작성한 경제 기사 초안이야:

제목: 산업연구원 "2024년 하반기 경제성장률 2.5% 전망… 수출이 경기 견인"

본문:

산업연구원(KIET)은 최근 발표한 '2024년 하반기 경제 전망' 보고서를 통해 올해 하반기 우리나라 경제가 전반적으로 완만한 회복세를 보일 것으로 전망했다. 보고서에 따르면 2024년 국내 경제성장률은 연간 기준으로 2.5%를 기록할 것으로 예상되며, 수출을 중심으로 한 주력 산업의 회복세가 경기 반등을 견인할 것으로 분석됐다.

특히 반도체, 자동차, 조선 등 수출 주도형 산업의 회복세가 두드러진다. 수출은 전년 대비 8.3% 증가가 예상되며, 이에 따라 수입도 1.4% 증가할 것으로 보인다. 이로 인해 무역수지는 335억 달러의 흑자를 기록할 것으로 전망된다.

민간소비는 고물가와 고금리 기조의 장기화로 인해 1.8%의 미미한 증가세에 그칠 것으로 예상된다. 실질 구매력 약화와 소비심리 위축이 여전히 회복에 제약으로 작용하는 모양새다.

설비투자는 반도체 업황 개선과 수출 확대에도 불구하고 자금조달 비용 상승과 국내외 불확실성으로 인해 2.3%의 제한적 증가에 머무를 것으로 분석됐다. 반면 건설투자는 부동산 경기 둔화와 신규 인허가 감소 등의 여파로 1.5% 감소할 것으로 예측된다.

산업연구원은 "글로벌 경기 회복과 더불어 국내 산업의 경쟁력이 점진적으로 회복되고 있으나, 금리·물가·환율 등 거시경제 불확실성과 지정학적 리스크는 여전히 경제 회복의 걸림돌이 되고 있다"며 "정책적 대응을 통해 내수 진작과 투자 유인을 동시에 강화할 필요가 있다"고 제언했다.

이번 전망은 국내 경제가 수출 회복에 힘입어 점진적으로 회복세에 접어들 수 있다는 신호로 해석되지만, 민간소비 및 건설투자 부문에서는 여전히 구조적 한계가 뚜렷하다는 점에서 정책적 보완이 요구된다는 분석이다.

다만, 간단한 질의응답이나 아이디어 수집을 넘어 실제 기사화 단계에서는 꼼꼼한 검증이 필요합니다. AI가 기본적으로 확률 바탕으로 '그럴 듯한' 결과물을 내는 데 적합한 기술이기 때문입니다. 정확성을 생명으로 한 저널리즘이 현재의 AI 기술을 그대로 받아들이기에는 곤란한 이유가 여기에 있습니다.

이에 따라 한국기자협회 등이 주관이 되어 〈언론을 위한 생성형 인공지능 준칙〉을 마련했습니다. 그 제1조의 (1)항은 "뉴스 콘텐츠 생산에서 인공지능 기술이 인간을 완전히 대체하는 일은 없어야 한다. 즉 인공지능은 인간의 업무를 보완하기 위한 보조적 수단으로 사용되어야 한다"고 강조합니다. 또 제3조의 (1)항은 "인공지능은 기술적 한계로 인해 생성된 결과물에 부정확한 사실이나 허구의 내용이 포함될 수 있다"며 "뉴스는 진실성이 생명이므로 인공지능이 만들어 낸 콘텐츠를 사실 확인이나 검증 없이 그대로 보도해서는 안 된다"고 규정합니다.

AI 기술의 정확성과 안전성을 확신할 수 있기 전까지 반드시 지켜야 할 가이드라인입니다.

25

건강한 언론을 위한 줄탁동시 - 독자론讀者論

이 글을 읽는 지금, 포털사이트 뉴스들을 잠시 확인해 보시죠. 언론사별 랭킹 뉴스를 분류해 놓은 섹션도 있습니다. 사람들이 많이 본 뉴스들은 어떤 내용들인가요? 댓글이 많이 붙은 뉴스들은 또 어떤가요? 언론 비평가들이 우수하다고 평가할 만한 뉴스들인가요?

현재는 폐지됐지만, 과거 포털사이트들은 '가장 많이 본 뉴스' 섹션을 별도로 마련했습니다. 모든 언론사가 제공한 뉴스들을 주목도 순으로 1위부터 줄 세웠습니다. 독자들이 어떤 뉴스에 눈길을 더 주었는지 한눈에 알 수 있습니다. 이에 대한 연간 조사 결과도 있습니다. <한국기자협회보>가 2021년 한 해 동안 '네이버'에 오른 기사를 페이지 뷰Page View 순으로 정리해 1위부터 50위까지를 나열한 것입니다. 그중 상위 10위 기사들의 제목은 다음과 같습니다.

△ 이혼 후 '자연인' 된 송종국, 해발 1000m 산속서 약초 캔다(중앙일보)

△ [법알못] 대구 상간녀 결혼식 습격 사건…스와핑 폭로 논란(한국경제)

△ 한혜진 코로나 확진 뒤 후유증 호소 "호흡 60%만 올라왔다"(중앙일보)

△ "나는 유인촌의 아들, 배우로서 편하지도 부끄럽지도 않다"(중앙일보)

△ '전신 피멍' 아옳이, 대학병원 검사 결과는 '반전'(조선일보)

△ 이게 웬 신음소리? 女기자, 방송 중 성관계 생생 전파…"업무의 일부"(뉴스1)

△ '전두환 며느리' 박상아 "우리는 죄인…남편 전재용 신학 공부"(한국경제)

△ "레깅스만 입고 자주 외출하는 딸이 걱정돼요"(한국경제)

△ "생리대만 입고 포즈?"…여성들 분노케한 생리대 광고(조선일보)

△ 부부 10쌍 중 6쌍은 따로 잔다…이유는 바로…[행복한 노후 탐구]②(조선일보)

여러분들이 생각하는 좋은 저널리즘에 부합하는 기사는 몇 건이 있습니까? 이를 분석한 <한국기자협회보>는 2022년 2월 [네이버에서 가장 많이 읽힌 뉴스, 대부분 '저질·연성화' 뉴스]라는 제목의 기사를 실었습니다. "'PV 지상주의'에 물든 언론사들의 뉴스 생산, '연성화' '저질화'된 뉴스에 익숙해진 이용자들의 뉴스 소비 습관, 이런 뉴스들이 대세가 되는 네이버의 알고리즘과 뉴스 정책 등이 맞물린 결과"라는 분석을 곁들였습니다. 아마도 2021년에만 국한된 평가는 아닐 것입니다. 앞서 언론 및 알고리즘의 한계와 문제점을 살펴봤으니, 이번에는 이용자들의 뉴스 소비 습관도 짚어보려 합니다.

한국만큼 정치에 대한 관심이 뜨거운 나라는 없을 듯합니다. 선거철이 아니어도 삼삼오오 모인 사람들은 으레 정치 이슈를 입에 올립니다. 직업 정치 평론가가 각 매체에 즐비하지만 개별 유권자들도 웬만한 정치 평론가 못지않게 현상을 분석하고 나름의 전망을 내놓습니다. 목청을 높여 토론하다 보면 대개 '정치가 개판이야' 내지 '정치에 답이 없어'라는 결론에 이르곤 하지요. 하지만 여야 정치인으로 대표되는 현재의 정치판을 만든 건 모든 유권자의 선택 아니었을까요?

온 국민이 정치 평론가가 되어 버린 것만큼이나 웬만한 국민은 언론 비평가이기도 합니다. 한 번쯤은 '언론이 문제야. 기자들이 문제야'라는 얘기를 꺼내 보셨을 겁니다. 그런데 기사를 띄우고 가라앉히는 주체는 언론사만은 아닙니다. 좋은 기사에 높은 관심이 모이면 더 많은 사람에게 전해지는 선순환을 이룰 수 있지만, 현실은 위에서 본 바와 같이 그 반대입니다. 언론이 죄다 책임을 망각하고 조회 수 늘리기에만 급급했기 때문일까요? 수많은 대안언론들이 만들어지고 유튜브와 같은 1인 미디어도 활성화했지만 뉴스의 저질·연성화 현상은 그다지 나아진 것 같지 않습니다. 결국 독자와 시청취자 같은 미디어 수용자의 적극적 노력이 없이는 상황을 개선할 수 없습니다. 정치도 언론도 국민 전체의 수준을 반영한다는 점에서, 정치인과 언론인에게만 각성을 기대해서는 근본적 개선을 꾀하기 어렵습니다.

언론 비평, 이해와 행동이 겸비돼야

적극적 노력의 첫 번째는 구조의 이해입니다. 현실에 대한 정확한 이해 없이 이상理想만 들이미는 것은 공자 왈 맹자 왈 읊조림과 다를 바 없습니다. 공허한 도덕률의 주창에 그치지 않으려면 적어도 비판하려는 대상에 대한 깊은 이해가 전제돼야 합니다. 저널리즘도 마찬가지입니다. 가끔씩 전문적인 언론 비평가들의 겉핥기식 비판을 듣고 있노라면 아쉬운 마음이 들지 않을 수 없습니다. 일부 언론의 문제를 도매금으로 일반화하거나 현실을 도외시한 채 당위만을 내세울 때면, 그들이 비판 대상으로 삼은 기자들의 모습과 닮았다는 생각이 듭니다. 그저 비판을 위한 비판에 급급해 무책임하게 손가락질하는 기자들의 모습 말입니다.

이 책의 첫머리부터 지금까지 저널리즘의 속사정을 가급적 솔직하게 드러낸 이유도 그런 까닭입니다. 세계관이 전혀 다른 사람들 안에서 참과 거짓, 사실과 진실을 구분해 올바름을 전하기란 기대만큼 쉽지 않음을 강조했습니다. 여기에 언론 산업의 채산성은 떨어지고 언론을 장악하려는 기술의 힘은 갈수록 커지고 있다고 했지요. 그럼에도 저널리스트들은 권력과 자본의 압박이나 유혹에 절대 흔들려서는 안 된다는 냉철함을 요구받습니다.

진정 뼈아픈 지적을 하기 위해선 이 모두를 고려해야 합니다. 그렇지 않은 비판은 언론을 바로 세우는 데 그다지 유효하지 않습니다. 우리나라 전통 건축에서 자연석 위에 나무 기둥을 올릴 때 억지로 돌 표면을 다듬지 않고 그 거친 면을 따라 기둥뿌리에 본을 그려 나무를 깎아 냈다고 하지요. 그렇게 '그랭이질' 하면 초석과 기둥이 빈틈없이 밀착돼 건축물이 흔들리거나 밀리지 않았습니다. 올바른 저널리즘을 세우려 할 때에도, 고고한 당부와 원칙의 강조보다 투박한 언론 지형을 여실히 이해한 권고와 제안들이 나오기를 기대합니다.

경북 안동 도산서원의 기둥들. 그랭이질 흔적이 그대로 나타난다.(출처: 이동우 화가 제공)

적극적 노력의 두 번째는 변화를 위한 행동입니다. 행동은 뉴스 잘 이해하기부터 시작해야 합니다. 눈길을 끄는 뉴스를 접할 때면, 신뢰할 만한 매체가 보도한 내용인지, 뉴스 속 사례나 근거가 합당한지, 직접 확인한 팩트를 전달하는 것인지 등을 체크해 봐야 합니다. 또 뉴스가 전하는 메시지를 명쾌하게 알아듣고 있는지 스스로에게 물어봐야 합니다. 제목만 보고 뉴스의 내용을 성급히 단정하려 한 것은 아닌지, 뉴스의 메시지는 아랑곳하지 않고 스스로 이해하고 싶은 대로 이해하려 한 것은 아닌지를 자문해 봐야 합니다.

이 과정이 얼마나 중요하게 강조되어야 하는지는 우리나라 국민의 문해력 수준을 보면 절감하게 됩니다. 경제협력개발기구_{OECD}가 2024년 12월 공개한 국제성인역량조사 결과에 따르면, 만 16세 ~65세 한국 성인의 언어 능력 점수는 249점으로 나타났습니다. OECD 평균인 260점에 미치지 못합니다. 특히 10여 년 전 조사 때의 점수(273점)보다 큰 폭으로 떨어졌습니다. 성인들의 문해력 수준을 나누었을 때 가장 높은 4~5수준 비율은 OECD 평균(11.7%)의 절반 정도(5.6%)에 그쳤고, 가장 낮은 1수준 이하 비율은 30.8%로 OECD 평균(26%)보다 높았습니다.

한마디로, 글을 읽기는 해도 reading 잘 이해하는 understanding 사람들의 비율이 의외로 낮습니다. 같은 뉴스를 접해도 각자 마음대로 알아듣는 사람들이 상당수입니다. 그들이 타인과 소통하려 할 때면 당최 말이 통하지 않는 상황들이 빚어질 수밖에 없지요. 한글의 우수성 덕분에 문맹은 거의 사라졌지만, 이에 자만했던 탓인지 문해력을 키우는 데는 손을 놓고 있었던 것이 아닌가 싶습니다.

종이 신문에서 찾은 국민 MC 유재석의 성공 비결

뉴스 하나하나에 대한 정확한 이해 못지않게 중요한 것은 뉴스를 종합적으로 보려는 자세입니다. 뉴스 한 꼭지가 세상을 대변하지 않습니다. 같은 이슈를 전하는 뉴스여도 상이한 관점의 다른 뉴스들을 비교해 보아야 합니다. 또 자신이 익숙한 뉴스에만 머물러서도 안 됩니다. 절대로 뉴스 사일로에 갇히지 않겠다는 의지가 필요한 것이죠. 기자들도 이를 실행하기 위해서는 큰 에너지가 필요합니다. 그 쉽지 않은 삶의 자세를, 이분이 견지하고 있다고 해서 크게 반가웠습니다. 방송인 유재석 씨입니다.

그는 2023년 7월 tvN과 유튜브를 통해 방송된 〈유 퀴즈 온 더 블럭(제204화 '문해력을 키워드립니다' 편)〉에 나와 여전히 신문을 보는 자신의 습관을 강조하며 이렇게 말했습니다. "제가 종이 신문을 보는 이유는, 내가 좋아하는 기사를(기사만) 찾게 되면 내 관심사만 보게 되기 때문이에요. 그런데 신문을 보면 내가 모르거나 관심이 없었던 부분을 신문을 통해 알게 되죠." 이렇게 신문을 본다면, 균형감 있는 시각을 갖추면서도 갖가지 이슈를 다양한 관점에서 이해할 수 있게 됩니다. 또 제목만 보고 지나가기 쉬운 인터넷 뉴스와 달리 신문을 볼 때면 기사의 내용을 조금이라도 더 접하게 됩니다. 그만큼 세상을 조금 더 깊이 알게 된다는 뜻입니다. 이러한 점들이 유재석 씨에게 보이는 내공의 원천이지 않을까요? 듣기엔 쉽지만 꾸준히 실천하기 어려운 이 습관이, 그를 국민 MC의 반열로 올려놓았겠지요.

마지막으로 뉴스에 대한 독자들의 관여를 요청합니다. 누가 어떤 직업을 갖고 있든지 외부에서 '그 직업군은 다 그렇지, 뭐'라고 재단한다면 발끈하지 않을 수 없을 겁니다. 기자들도 마찬가지입니다. 이제는 수를 헤아릴 수도 없는 매체들이 옥석구분玉石俱焚하지 않도록 좋은 언론, 좋은 기사, 좋은 기사를 가려내야 합니다. 독자들이 이를 선별해 '좋아요'를 눌러 줄 수도 있고, 댓글을 달아 줄 수도 있으며, SNS를 통한 기사 퍼나르기도 적극 환영합니다.

키워 볼 만한 언론을 상대로 재정적 지원에 나선다면 그보다 더 힘이 되는 일은 없을 것입니다. 유료 구독도 좋고 후원도 좋습니다. 언론사마다 독자와 시청취자 여러분들의 '동참'을 기대하며 각자의 방식으로 창구를 만들어 놓았습니다. 누구나 권력과 자본의 힘으로부터 흔들리지 않을 언론을 기대하고 있지만, 이를 위한 우선 해결 과제는 건강한 수익 모델의 확보입니다. 시민들과 함께하지 않고는 결코 성취할 수 없는 과제이지요.

요컨대 뉴스라는 콘텐츠를 주고받는 저널리즘의 한 축이 독자라면, 언론과 더불어 독자의 역할에 대한 고민이 필요한 때입니다. 간혹 미디어 관련 학자들을 만날 때 독자에 대한 연구도 빠뜨려선 안 된다고 주장한 이유가 여기에 있습니다. 우리가 바라는 올바른 저널리즘의 구현은, 결국 언론과 시민이 손을 맞잡는 줄탁동시啐啄同時를 통해서만 가능합니다.

맺는 말:
'마키나 문디'를
꿈꾸는
우리에게

1972년 봄 미국 뉴저지 소재 프린스턴 고등연구소. 과거 아인슈타인이 머물렀던 이 연구소 주최 파티에 저명한 과학자들이 모여들었습니다. 이 가운데는 물리학자 프리먼 다이슨과 수학자 휴 몽고메리도 있었습니다. 의례적 인사를 한 뒤 다이슨은 몽고메리에게 요즘 무엇을 연구하느냐고 물었습니다. 당시 박사과정에서 정수론整數論을 연구하던 몽고메리는 소수素數의 분포를 나타내는 데 필요한 리만-제타함수를 설명하며 한 가지 공식을 보여 줍니다. 함수의 근을 유도하기 위한 공식입니다.

$$R_{\zeta,2}\left(u\right) = 1 - \left(\frac{\sin\left(\pi u\right)}{\pi u}\right)^2$$

이를 본 다이슨은 깜짝 놀랍니다. 이는 그가 연구하는 양자역학 가운데 입자의 에너지 분포에 관한 식과 일치했기 때문입니다.

$$R_2\left(r\right) = 1 - \left(\frac{\sin\left(\pi r\right)}{\pi r}\right)^2$$

정수론과 양자역학이라는 전혀 다른 분야가 하나로 연결돼 보이는 순간이었습니다. 모든 수의 기본이 되는 '소수'의 관련 식과, 모든 물질의 기본이 되는 '원자'의 관련 식이 이 정도로 같은 건 우연으로만 치부할 수 없는 까닭입니다. 이와 관련한 연구는 아직 확실한 결론을 얻지 못한 채 계속 중이지만, 위 수식을 바탕으로 우주의 비밀을 풀 수 있지 않을까 기대를 품는 과학자들도 있습니다.

이와 유사한 결의 '통일장 이론'도 흥미롭습니다. 세상에 존재하는 기본적 힘은 중력과 전자기력, 그리고 강력과 약력 등 4가지인데, 그 힘들의 근원은 하나라고 추정하는 게 통일장 이론입니다. 더 나아가 기본적 힘들과 각 물질을 끈string의 진동이라는 개념으로 한꺼번에 설명해 보려는 '초끈 이론'도 있습니다. 이른바 '모든 것의 이론The theory of everything'을 지향하는 것입니다. 복잡한 대상을 어떻게든 단순화하려는 인간의 본능을 바탕으로, 우주의 삼라만상을 '원인에 따른 결과'라는 과학적 관점으로 명쾌히 분석하고 예측해 보려는 바람이 깔려 있습니다. 물리학자가 되고 싶었던 어릴 적 제 꿈도 여기에 맞닿아 있었던 듯합니다.

우주 전체의 섭리를 인과관계에 따라 기계적으로 설명할 수 있다면, 이는 사회社會에도 적용할 수 있지 않을까요? 뭇 인간들 삶의 집합체인 사회 역시 과학적으로 연구할 수 있다는 취지의 '사회과학'이라는 말도 있으니까요. 고대 로마의 철학자 루크레티우스는 그 점에서 '마키나 문디machina mundi'를 언급했나 봅니다. '세계 기계'로 번역되는 이 말은, 모든 세상이 하나의 거대한 기계일 것이라는 공상을 담고 있습니다. 무수한 기어가 서로 맞물려 돌아가는 그런 기계라면 어떨까요? 기계의 기어 하나를 시계 방향으로 살짝 돌리면 보이지도 않는 저편에서 이에 따른 작용이 일어나고, 기어를 반대 방향으로 돌리면 이에 맞춰 전혀 다른 작용이 일어나겠지요.

고대 로마 철학자 루크레티우스
(B.C. 99 ~ B.C. 55)

어쩌면 저는 마키나 문디를 꿈꾸며 기자를 선택했고, 기자의 일을 수행해 왔는지 모릅니다. 기계와 같은 세상 안에서라면 갖가지 복잡한 상황 속 문제들도 딱 맞는 해법을 찾을 수 있기 때문입니다. 헐렁하다 싶으면 나사를 더 조이고 너무 뻑뻑하다 싶으면 기름칠해 가며 기계를 돌리듯이, 취재하고 보도하면 될 일이라고 생각했습니다. 저만의 바람이었을까요? 아마 많은 사람 역시 자판기에 돈을 넣고 물품을 꺼내듯, '이만큼' 노력하면 '이만큼'의 결과가 나와야 한다고 기대할 것입니다. 또 이만큼 선한 일을 하면 이만큼 보상이 돌아와야 하고, 저만큼 악한 일을 하면 저만큼의 처벌이 이뤄져야 한다고 희망합니다. 흔히 이를 정의롭다 말하지요.

'마키나 문디'는 없어, 다만 공의가 있을 뿐

그러나 세상이 어디 그러한가요. 노력만큼의 보상은 연금처럼 따박따박 주어지지 않습니다. 인과응보因果應報나 신상필벌信賞必罰의 사례가 쉽게 관찰되지 않으니 여전히 영화나 소설의 주제로 각광받습니다. 그럼에도 '이번엔 다르겠지'라는 희망을 품고 다시 사력을 다했다가 기대한 바가 실현되지 않을 때는 서운함과 억울함 속에 좌절하곤 합니다.

기자로서 생생한 숨소리를 들으며 지켜본 세상의 구석구석은 그보다 더 강팍했습니다. 권력은 많은 경우 영악한 자의 손에 쥐어졌고 이익은 제 잇속부터 챙기는 자가 독차지하곤 했습니다. 묵묵히 공동체를 지키는 선한 이들은 조명받기 어려웠고 겸손한 이들은 갈수록 초라해졌습니다. 가까스로 더 나은 세상을 만들어 냈다 싶으면 어느 틈엔가 원점으로 돌아가고, 잠시 숨어 있던 악한惡漢들이 다시 득세하기 마련이었습니다. "악은 이토록 거침없이 자신의 길을 가는데 어째서 선은 끊임없이 자신을 증명해야 하는가"라는 드라마(2022년 tvN 〈환혼〉) 속 대사에, 깊이 공감하지 않을 수 없었습니다. 명쾌한 원칙이 적용되는 세상 속에 기계처럼 질서 정연한 사회를 바랐던 제 눈에는 정의가 아득히 멀게만 보였습니다.

하지만 찬찬히 생각해 보면 저의 바람은 그 자체로 모순이지요. 제가 조물주가 아닌 까닭에 세상은 저의 기준대로만 움직일 리 없고요. 서로 다른 이해관계와 관점을 지닌 이들이 각자의 방향으로 '세계 기계'를 움직이려 한다면 이는 그 어떤 방향으로도 돌아가지 않거나 파괴될 수밖에 없습니다. 또 선과 악에 반드시 곧 대가가 따라 붙는다면 어떨까요? 가령 보상을 충분히 예상한 채로 희생하고 배려한다면 우리는 이를 '선하다' 말할 수 있을까요? 입력값에 따라 출력값이 결정되는 세상에서는 오히려 선과 악의 개념 자체가 사라질 것입니다.

자판기 같은 마키나 문디는 존재하지 않습니다. 사회와 세상 그리고 온 우주를 관통한다는 법칙도 차라리 발견되지 않기를 바랍니다. 인간다움이 유지되려면 우리는 여전히 복잡하고, 예측할 수 없으며, 비합리적이고, 때로는 부조리한 세상을 받아들여야 할 듯합니다. 그렇다고 더 나은 세상에 대한 꿈을 저버릴 수 없지요. 그 점에서 차차 정의로운 사회가 아니라 공의로운 사회를 꿈꾸게 됩니다. 우리가 진정 바라야 하는 것은 기계적 인과응보·신상필벌을 내포하는 정의보다 하나님의 의로움을 뜻하는 '공의公義'가 아닐까 합니다.

프랑스 화가 레옹 보나가 그린 성서 속 욥

　구약성서 속 〈욥기〉는 그 공의에 대한 이야기입니다. 부족함 없던 욥이 까닭 없이 한순간 모든 것을 잃게 되자 친구들은 "하나님이 어찌 정의를 굽게 하시겠으며 전능하신 이가 어찌 공의를 굽게 하시겠는가, 네 자녀들이 주께 죄를 지었으므로 주께서 그들을 그 죄에 버려두셨나니"욥 8:3-4라고 말합니다. 사람이 겪는 불행에는 반드시 원인이 있을 것이라는 시각입니다. 이어지는 욥기의 내용은 인간의 고통과 하나님의 의에 관한 논박을 싣습니다. 종국에 하나님은 존재하는 모든 것과 보이는 모든 현상의 근원이 어디에 있고 누가 주관하는지를 물으십니다. 이어, 인과관계의 세계관을 벗어나지 못하는 욥을 두고 "네가 내 공의를 부인하려느냐, 네 의를 세우려고 나를 악하다 하겠느냐"욥 40:8 나무라십니다. 그러한 욥이지만, 적어도 하나님에 대한 믿음을 버리지 않았기에 모든 것을 회복하는 것으로 이야기는 끝납니다.

인간의 얕은 지혜로 파악하려 하기에는, 이 세상이 담고 있는 가치와 꿈, 기대와 열망, 믿음과 사랑의 크기가 비교할 수 없을 정도로 막대합니다. 이를 몇 가지 원자나 힘, 그리고 원리로 재단할 수 없습니다. 인과관계 저 너머의 진짜 세상 속 공의로운 가르침은 뒤늦게야 깨달을 수 있거나, 인간의 이해로는 도무지 도달하기 어려울 수도 있습니다. 그저 조바심을 접어 두고 꾸준히 소명을 다할 뿐입니다.

마침표 없는 저널리즘, 결코 사라질 수 없어

그렇다고 하나님 처분만 바라볼 수는 없지요. 특히 시시각각 세상을 기록하고 전달하는 게 사명인 기자는 더욱 그러합니다. 각자의 삶이 녹아 있는 '주관적 정의관'을 바탕으로 취재하고 보도할 수밖에 없습니다. 다만, 그 주관적 정의관 안에 세상에 대한 기계적 단정이나 성급한 기대는 덜 포함되기를 바라는 것입니다.

제 주관적 정의관의 경우 다음 세 가지를 최소한의 기준으로 삼고 있습니다. △ 책임만큼의 권한, 권한만큼의 책임 △ 내 편, 네 편에 따라 달라지지 않는 잣대 △ 의심만으로 단죄하지 않는 절제가 바로 그것들입니다. 큰 권한을 행사할 수 있다면 그만큼의 책임을 져야 하는 것이며, 판단의 잣대를 아전인수격으로 적용해서는 안될 일이며, 막연한 의심이 든다고 해서 회복할 수 없을 정도로 정죄해선 안 된다는 것입니다. 저와 의견이 엇갈려도, 제가 바라는 결과가 아니어도 이러한 기준에 부합한다면 비판하기 어렵습니다. 저는 이러한 관점에서 취재하고 보도하려 했습니다만, 각 기자들의 주관적 정의관은 어떠한지 궁금하네요.

'주관적'이라는 수식어를 빼놓지 않는 건, 그 어떤 기자의 정의관도 유일한 정답이 될 수는 없기 때문입니다. 아울러 그 기자의 정의관도 세월이 지나면서 더욱 성숙해질 수 있겠고요. 반대로 변질될 염려도 없지 않습니다. 그런 점에서 정의관은 어느 순간 완성되어 고정불변하는 게 아니라 세월의 흐름에 따라 끊임없이 다듬고 고쳐 나가야 합니다.

2024년 〈KBS 연기대상〉에서 아흔의 나이로 대상을 수상한 배우 이순재는 "오래 살다 보니 이런 날도 있다"며 한껏 기쁨을 표현했습니다. 노배우가 으레 받는 공로상이 아니라 대상을 수상한 것은 고령에도 연기력을 입증받았다는 뜻이기 때문입니다. 그는 "언젠가 기회가 한번 오겠지 하고, 늘 준비하고 있었다"는 소감도 덧붙였습니다. 더 이상 무엇을 준비할까 싶은 최고령 국민배우임에도 늘 갈고 닦는 자세를 잃지 않았습니다. 이렇듯 연기에는 시작이 있을 뿐, 끝은 없나 봅니다.

세상과 함께 울고 웃는 기자의 길은 배우의 길과 닮았습니다. 젊음이 뿜어내는 민첩함과 당돌함은 저널리즘을 꽃피우고, 경험에서 우러나는 넓은 시야와 통찰은 저널리즘을 살찌게 합니다. 재기 발랄하게 세상과 접한 뒤 원숙하게 세상을 품어 내는 그 길에는 종착지가 없습니다. 그 길 위에 더 많은 사람이 지치지 않고 함께 정진하기를 바랍니다. 그 열정들로 인해, 지금 잠시 가쁜 숨을 몰아쉬는 저널리즘은 생생한 활력을 곧 되찾을 것입니다. 세상이 어떻게 바뀐다 한들 우리네 삶을 스스로 살피고 비추는 숭고한 작업이 결코 사라질 수는 없기 때문입니다.

<참고 자료>

□ 저서

- 김유열(2018), 딜리트, 쌤앤파커스
- 김정훈 등(2019), 386 세대유감, 웅진지식하우스
- 김지영(2011), 피동형 기자들, 효형출판
- 박노해(2014), 노동의새벽, 느린걸음
- 박웅현(2011), 책은 도끼다, 북하우스
- 박주용(2024), 미래는 생성되지 않는다, 동아시아
- 박진규(2023), 미디어, 종교로 상상하다, 컬처룩
- 백영서·최영묵 엮음(2020), 생각하고 저항하는 이를 위하여(리영희 선집), 창비
- 변상욱(2014), 우리 이렇게 살자, 레드우드
- 송의달(2021), 뉴욕타임스의 디지털 혁명, 나남
- 안정효(2006), 안정효의 글쓰기 만보, 모멘토
- 우석훈·박권일(2007), 88만원 세대, 레디앙
- 이외수(2007), 글쓰기의 공중부양, 해냄
- 이태준(2005), 문장강화, 창비
- 최수묵(2011), 기막힌 이야기 기막힌 글쓰기, 교보문고
- 최이돈 등(1996), 조선시대 사람들은 어떻게 살았을까, 청년사
- Alain de Botton(최민우 번역)(2014), 뉴스의 시대, 문학동네
- Alexis de Tocqueville(임효선·박지동 공역)(1997), 미국의 민주주의, 한길그레이트북스
- Bernard Werber(임호경·이세욱 공역)(2011), 베르나르 베르베르의 상상력 사전, 열린책들
- Bill Kovach·Tom Rosenstiel(이재경 번역)(2021), 저널리즘의 기본 원칙, 한국언론진흥재단
- Christopher Chabris·Daniel Simons(김명철 번역)(2011), 보이지 않는 고릴라, 김영사
- Daniel Kahneman(이창신 번역)(2018), 생각에 관한 생각, 김영사
- Edward M. Kennedy(구계원·박우정 공역)(2010), 케네디가의 형제들, 현암사
- Eric Hoffer(이민아 번역)(2011), 맹신자들, 궁리출판
- George Orwell(이한중 번역)(2010), 나는 왜 쓰는가, 한겨레출판
- Hans Rosling et al.(이창신 번역)(2019), 팩트풀니스, 김영사
- Helena Norberg-Hodge(양희승 번역)(2015), 오래된 미래, 중앙북스
- Jordan Peterson(김한영 번역)(2021), 질서 너머, 웅진지식하우스
- Lee McIntyre(김재경 번역)(2019), 포스트트루스, 두리반
- Leon Festinger et al.(김승진 번역)(2020), 예언이 끝났을 때, 이후
- Max Weber(박문재 번역)(2024), 직업으로서의 정치, 직업으로서의 학문, 현대지성
- Philipp Sterzer(유영미 번역)(2023), 제정신이라는 착각, 김영사

- Richard Thaler·Cass Sunstein(안진환 번역)(2009), 넛지, 리더스북
- William Zinsser(이한중 번역)(2007), 글쓰기 생각쓰기, 돌베개
- Yuval Harari(조현욱 번역)(2023), 사피엔스, 김영사
- 三浦 しをん(권남희 번역)(2013), 배를 엮다, 은행나무

□ **보고서·논문 등**
- 국방부 과거사진상규명위원회(2007), 과거사진상규명위원회 종합보고서
- 경제협력개발기구(OECD)(2024), 국제성인역량조사(PIAAC) 2주기 주요 결과 발표, 고용노동부
- 박혜준(2006), 포털 뉴스 담당자의 역할 인식과 기사 특성 간의 연관성 연구[석사학위논문], 서강대학교
- 방송통신위원회(2024), 2023 회계연도 방송사업자 재산상황 요약
- 한국기자협회, 한국기자협회 윤리강령 및 실천요강
- 한국기자협회 등(2024), 언론인을 위한 생성형 인공지능 준칙
- 한국언론진흥재단(2025), 2024 소셜미디어 이용자 조사
- Deborah Potter·Sherry Ricchiardi(2014), 취재 기자를 위한 재난보도 매뉴얼, 한국언론진흥재단
- The New York Times(조영신·박상현 공역)(2014), 혁신보고서

□ **기사**
- 국민일보, 종합일간지 10곳 중 6곳 이단 홍보… '이단' 그림자 드리운 언론계, 2024.12.30.
- 서울신문, 간병살인 154인의 고백, 2018.09.03.
- 한국기자협회보, 네이버에서 가장 많이 읽힌 뉴스, 대부분 '저질·연성화' 뉴스, 2022.2.23.
- NYT, Snow Fall: The Avalanche at Tunnel Creek, 2012.12.20.
- NYT, How Fear and Conspiracy Theories Fuel South Korea's Political Crisis, 2025.1.5.

• □ **영화·방송**
- 김일란·홍지유, 두 개의 문, 2012, 연분홍치마
- 이용주, 건축학개론, 2012, 명필름
- 장훈, 택시운전사, 2017, 더램프·시그니처 필름
- Todd Phillips, 조커, 2019, 빌리지 로드쇼 픽처스 등
- 黒澤 明, 라쇼몽, 1950, 다이에이 주식회사
- "문해력을 키워드립니다" 유퀴즈온더블럭, 2023.7.26. tvN
- 환혼: 빛과 그림자(10화), 2023.1.8. tvN

지극히 현실적이고 다분히 이상적인

1판 1쇄 인쇄   2025년 5월 15일
1판 1쇄 발행   2025년 5월 25일

지은이 | 김정훈
펴낸이 | 박정태
편집이사 | 이명수   출판기획 | 정하경
편집부 | 김동서, 박가연
마케팅 | 박명준, 박두리   온라인마케팅 | 박용대
경영지원 | 최윤숙

펴낸곳   광문각출판미디어
출판등록   2022. 9. 2 제2022-000102호
주소   파주시 파주출판문화도시 광인사길 161 광문각 B/D 3층
전화   031)955-8787
팩스   031)955-3730
E-mail   kwangmk7@hanmail.net
홈페이지   www.kwangmoonkag.co.kr

ISBN   979-11-93205-60-0 03070
가격   18,000원